本书受国家社科基金冷门"绝学"和国别史等研究专项之中国与巴西关系史研究
（项目编号：2018VJX096）资助，是西班牙语一流专业建设阶段性成果

经典影像案例中的
紧急决策

谌华侨　刘雪君　郝　楠

―――――― 主编 ――――――

上海远东出版社

图书在版编目(CIP)数据

经典影像案例中的紧急决策 / 谌华侨,刘雪君,郝楠主编. —上海:上海远东出版社,2023

ISBN 978 - 7 - 5476 - 1935 - 3

Ⅰ.①经… Ⅱ.①谌… ②刘… ③郝… Ⅲ.①突发事件—应急对策 Ⅳ.①D035.34

中国国家版本馆 CIP 数据核字(2023)第 134228 号

责任编辑 李 敏
封面设计 徐羽情

经典影像案例中的紧急决策

谌华侨 刘雪君 郝 楠 主编

出 版	**上海远东出版社**	
	(201101 上海市闵行区号景路 159 弄 C 座)	
发 行	上海人民出版社发行中心	
印 刷	上海锦佳印刷有限公司	
开 本	635×965 1/16	
印 张	13.25	
字 数	185,000	
版 次	2023 年 9 月第 1 版	
印 次	2023 年 9 月第 1 次印刷	
ISBN	978 - 7 - 5476 - 1935 - 3/D · 45	
定 价	58.00 元	

前　言

采用何种有效的方式来向学生解释清楚外交决策问题,一直是困扰编者的重要问题。自从教以来,编者多次承担外交政策分析类课程,教授外交决策知识,一面着迷于外交决策的惊心动魄,一面又困惑于单纯表述式教学的贫乏,不满于学生的一知半解。如何用直观的方法来展现外交决策的复杂过程,一直是教学过程中的重点和难点。

在探寻改革的过程中,编者在与同学们的互动交流中偶然提及影像资料,大家觉得电影可能是一种可资借鉴的重要素材。一方面,外交决策大多涉及国家重大问题,属于高级政治范畴,且大多涉及国家秘密,短期很难解封,资料难以企及,获取正式的外交决策案例难度较大。就算解密期过后,全面获取相关资料,还原真实案例的要求也极高,不是便捷可取的教学素材。另一方面,已经公开放映的影像资料,尤其是电影,包含大量外交决策素材,涵盖多个国家、多种类型的外交决策实践,不仅便捷可取,还可以反复观摩,是较为理想的教学素材。真实外交决策案例的难以企及与影像外交决策案例的便捷可取,坚定了编者尝试用电影来教授外交决策课程的信心。

在明确了基本方向后,编者与多界同学一道,广泛遴选电影素材,力争涵盖不同国家不同类型的外交决策,力求从每一部电影中体现外交决策的一般过程,并体现每个外交决策过程的特性,便于全面且深刻地把握外交决策的关键环节。与此同时,选材过程中注重把握中国与其他国家外交决策理念的差异,展现中国集体决策的优势,通过详实的案例来展现中国外交新做法,充分彰显中国在道路、理论、制度和文化上的显著优势。

　　本书在编撰过程中,得到了四川外国语大学研究生院院长胡安江教授和西方语言文化学院院长刘忠政教授的大力指导与支持,该书初稿得以在相关课程教学中试用,为优化书稿收集了大量参课师生的意见和建议。在案例体例形成过程中,国际关系学院周思邑教授给予了大量指导,为案例规范和案例写作提供了诸多宝贵意见和建议,在此一并表示感谢。

　　本书是继应用型案例《海外紧急避险研究:典型问题与影像案例》和研究型案例《看见拉美:经典影像案例中的拉丁美洲研究》《看见巴西:经典影像案例中的巴西研究》之后,编者推出的教学型案例。期待读者的批评与建议,以便我们进一步完善案例体例规范,优化影像教学,形成成熟的案例教学体系。

目　录

1

《撤离科威特》：
自下而上推动的印度撤侨

刘雪君*

摘　要：本案例选取电影《撤离科威特》为研究对象。该电影主要讲述了在伊拉克入侵科威特后，商人兰吉特帮助在科威特的印度侨民脱离险境、重返印度的故事，体现了个人自下而上对撤侨决策的推动和执行。本案例旨在通过对影片内容的分析，运用外交决策相关知识，解释影片对应的故事，加强学生对决策过程及具体执行的理解。本案例主要适用于外交决策分析的案例教学，适用对象可为国际政治、外交学专业的本科生和硕士研究生。

关键词：撤侨；决策；执行；自下而上

案 例 正 文

一、影片概述

（一）创作背景

《撤离科威特》（*Airlift*）是一部于 2016 年上映的印度电影，改编

*　刘雪君，女，香港城市大学公共及国际事务学系。

自真实的历史事件,讲述了 1990 年伊拉克入侵科威特后,当地 17 万印度侨民撤离的故事。在曲折的故事情节中,反映了国家的义务与责任,以及人民对于国家的依赖和信任。同时,该影像也展现了个人在外交决策中的推动作用。

(二)基本信息

《撤离科威特》上映于 2016 年,由拉加·门农导演,阿克谢·库玛尔、尼姆拉特·考尔、库玛·米什拉、普拉卡什·贝尔拉迪等主演。[1] 这部电影以 90 万迪拉姆的票房在阿联酋创下了最高首映票房纪录。[2]

(三)人物关系

如图 1-1 所示。

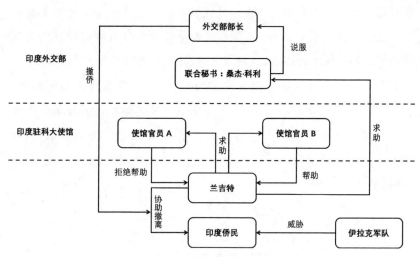

图 1-1 《撤离科威特》人物关系图

印度侨民兰吉特是一位成功的科威特商人,他与科威特和巴格达

① 《空中撤离》(2016),豆瓣电影,https://movie. douban. com/subject/26386317/,最后登录时间:2022 年 3 月 20 日。

② "Airlift" Box Office Collection: Akshay Kumar Starrer Breaks Records in UAE-GCC Opens Well in India, International Business Times, https://www. ibtimes. co. in/airlift-box-office-collection-akshay-kumar-starrer-breaks-records-uae-gcc-opens-well-india-664189,最后登录时间:2022 年 3 月 20 日。

的官员关系密切，并与妻子阿姆丽塔和他们的女儿在科威特生活。他称自己是科威特人，也经常嘲笑印度人。伊拉克和科威特的谈判破裂后，兰吉特很快发现科威特城已被伊拉克军队占领。兰吉特去了印度大使馆，在那里他得知科威特政府已经流亡国外，约有 17 万印度人现在被困科威特。他最终决定留下来帮助其他印度人离开科威特。在多次求助使馆后，兰吉特打电话给印度外交部，并联系到联合秘书科利，恳求其为撤离做出安排。科利虽然开始并未想要全力帮助，但受父亲鼓舞，还是决定积极帮助兰吉特。最终，在各方努力下，印度方面协助在科侨民归国。

二、剧情介绍

如图 1-2 所示。

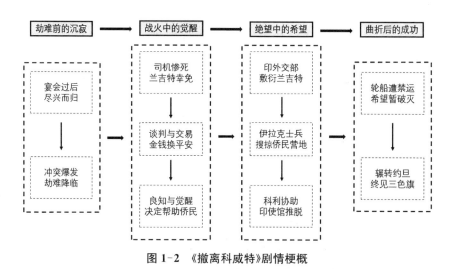

图 1-2 《撤离科威特》剧情梗概

（一）劫难前的沉寂

1990 年 8 月 1 日，科威特还是一如既往的平静，兰吉特和科威特王子谈完生意后，与司机奈尔驱车赶回自己家里。兰吉特非常厌恶车里播放的印度音乐，尽管他只是侨居于此，但他已认为自己是科威特人,而非印度人。随后,兰吉特与妻子阿姆莉塔共赴宴会,享受着金钱与地位带来的奢华。

次日凌晨,睡梦中的兰吉特被好友的电话吵醒,电话中他得知,伊拉克袭击了科威特。起初,兰吉特并未在意这个消息,因为他早已习惯边境上爆发的小冲突,认为这次也不会引发更大规模的冲突。然而,就在这时,不远处的枪炮声和屋外传来的士兵的声音,让兰吉特越发觉得此次冲突非同寻常。他不知道的是,就在刚刚还寂静无声的黑夜里,整个科威特已经被伊拉克士兵占领,他也即将面临一场前所未有的劫难。

(二)战火中的觉醒

黑夜中的炮火让兰吉特意识到,他必须想办法立刻带家人一同离开科威特。第二天清晨,司机奈尔开车载着兰吉特前往印度驻科威特大使馆。一路上,他们看见伊拉克士兵正在四处搜捕科威特人。一伙士兵拦下车后,把兰吉特揪出了车,并用枪指着他开始盘问。为了保命,兰吉特不断急促地嚷道自己是印度人。而司机奈尔见兰吉特十分慌张,便下车请求那些伊拉克士兵放过兰吉特。这群士兵不由分说一枪打死了奈尔,兰吉特见状感到既恐惧又无助。他本以为自己的命运会像奈尔一样,而此时兰吉特的一位旧相识扎耶德正好经过。他是伊拉克少校,兰吉特也因此幸免于难。扎耶德救下兰吉特后,将他带到了达斯曼宫。他了解兰吉特的商人身份,并知晓他有丰厚的家底,便告诉他,只要有足够的报酬,便可以让他和家人平安离开科威特。

惊魂未定的兰吉特离开达斯曼宫后,就直接开车前往印度驻科威特大使馆。他冲向印度大使馆的官员,愤怒地诉说这一路上的遭遇。使馆官员表示,虽然暂时没办法帮助他离开科威特,但可以让他把家人接到大使馆来避难。然而,当他回到公司,看到需要帮助的印度侨民时,决定放弃与家人一起离开的机会,留下来帮助印度侨民。

(三)绝望中的希望

将前来求助的印度侨民安顿好后,兰吉特便开始想办法利用自己的人脉资源,带领他们回到印度。他首先想到印度驻科威特大使馆,然而当他驱车到达时,发现这里已经人去楼空。所幸大使馆里还有一位正准备离开的官员,他给兰吉特留下了一个电话号码,并告诉他,可以通过这个号码联系到印度外交部。在大使馆碰壁后,兰吉特只好拨通电话,但接通后许久仍未有人接听。就在他快要绝望之时,印度外交部联合秘书桑杰·科利拿起了电话。兰吉特急忙向他说明了仍滞留在科威特的印度侨民的情况,并希望对方能够给予帮助。但科利却以他不负责海湾区域事务为由,用外交辞令敷衍打发了兰吉特。兰吉特求助的希望又一次落空,他只得无奈地挂掉电话。

在接下来的日子里,兰吉特怀着渺茫的希望,期待着来自印度的救援,然而,他等到的却是伊拉克士兵。他们荷枪实弹地来到印度侨民聚集的营地,搜掠食物,所幸并未造成人员死伤。无能为力的兰吉特在伊拉克士兵离开后,只能再次来到达斯曼宫找伊拉克少校扎耶德。兰吉特愤怒地向少校诉说着那伙伊拉克士兵的劫掠行径。但是少校并不理会,还告诉兰吉特,他也无法阻止这些士兵,而且他们很有可能会再次回来,两人最终不欢而散。

兰吉特意识到伊拉克士兵将步步紧逼,危险加剧,他不得不再次给科利打电话,希望印度政府能够迅速提供支援。不像上次的敷衍态度,科利被兰吉特的真情打动,他决定负起一个政府官员的责任,尽力帮助兰吉特和滞留在科威特的无辜民众。两人在电话里详细讨论应对策略。科利建议兰吉特可以尝试向印度驻伊拉克大使馆寻求帮助。兰吉特听取了科利的建议,前往伊拉克首都巴格达。来到印度大使馆后,他向使馆官员报告了印度侨民在科威特的情况,并希望使馆能够帮助这些印度人办理回国的临时证件。然而,印度大使馆的人却告诉兰吉特,他们无法在短时间内确定这些人全部都是印度人,因此无法为他们提供或办理临时证件,回国的希望再一次落空。

(四)曲折后的成功

一次又一次的求助失败后,兰吉特开始寄希望于他原先结识的一些伊拉克权贵。在朋友的帮助下，兰吉特来到伊拉克外交部，并顺利见到了外交部长阿齐兹。阿齐兹愿意提供帮助，并告诉兰吉特，有一艘从印度运输物品到伊拉克的货船，印度侨民或可以搭乘这艘船返回印度。满心欢喜的兰吉特以为他们很快就能回国，因此在返回科威特后，就迫不及待地将这一消息告诉了印度侨民。大家十分感谢兰吉特所做的一切，一起载歌载舞，期待着回国的时刻。然而，当所有印度侨民都已整理好行李，准备登船时，坏消息传来。原来联合国刚刚制裁了伊拉克，对其实施禁运，所有船只都无法驶进或驶出伊拉克，这也就意味着货船无法起航。

晴天霹雳再一次降临在兰吉特和这些印度侨民头上，他们意志消沉，无法面对这突如其来的打击。此时，兰吉特的妻子鼓励他振作起来，重返营地和所有印度人一同面对。兰吉特很快从失败中走出，他立即给外交部联合秘书科利打去电话，告知他滞留在科威特的印度侨民情况已十分危急，希望外交部能尽快完成与约旦的谈判。是日晚上，兰吉特找来许多汽车，向滞留的印度人说明行车路线，带着大家一起驱车前往约旦。这时，印度与约旦方面也最终达成了协议，约旦允许印度侨民入境。终于，历经各种曲折，所有人成功离开科威特，进入约旦境内。在印度外交部长的授意下，科利等人制定了具体的撤侨方案，并与民航部门联系。最终，兰吉特和印度侨民在约旦搭乘印度民航飞机，安全返回国内。

三、附录

本案例涉及印度海外人员营救和撤侨，并根据真实事件改编，相关拓展文献及影像如下。

（一）图书

1. 安维华、钱雪梅主编：《海湾石油新论》，社会科学文献出版社，2000。

2. ［美］皮埃尔·塞林格、［法］埃里·洛朗：《海湾战争——秘密档案》，廖先旺等译，世界知识出版社，1991。

3. ［美］罗德尼·P.卡莱尔：《美国人眼中的海湾战争》，孙宝寅、孙卫国译，当代中国出版社，2006。

（二）纪录片

《海湾战争全程实录》（*Gulf War*），2005。

（三）电影

1.《逃离德黑兰》（*Argo*），2012。

2.《战狼2》（*Wolf Warrior 2*），2017。

案例使用说明

一、教学目的与用途

（一）本案例主要适用于外交决策分析的案例教学，适用对象为国际政治、外交学的本科生和硕士研究生，以及对外交决策相关知识感兴趣的学习者，也可用作电影《撤离科威特》的学习参考资料。

（二）本案例的教学目的在于通过对电影《撤离科威特》内容的分析，总结影片中体现出的自下而上的撤侨决策过程及具体执行的理论知识，然后运用这些理论知识具体解释影片对应的典型事件，加深学习者对这些知识的认识、理解和实际运用。

二、启发思考题

（一）电影《撤离科威特》讲述了什么内容？

（二）电影《撤离科威特》是如何通过兰吉特协助完成撤侨的故事来体现外交决策和执行过程的？

（三）思考如何利用外交决策执行阶段的理论框架来分析剧情。

（四）思考该影像中体现的自下而上的战略决策过程如何应用于对现实案例的阐释。

三、分析思路

本案例的研究是基于外交决策理论知识，并结合电影《撤离科威特》的内容展开的。

在案例分析过程中，首先引导学生观看电影《撤离科威特》，概括电影主要情节，提取出对应的真实事件，通过查阅资料总结该事件的产生、发展、结果及影响，让学生对影片讲述的内容和背景有全面和深刻的了解。

其次，要求学生从已经概括出的故事情节中，总结相关外交决策理论知识。

最后，指导学生运用相关理论知识，解释影片中的典型事件，并探究在现实案例中，个人如何推进自下而上的撤侨决策。

四、理论依据与分析

(一) 理论依据

从外交决策的角度分析，电影《撤离科威特》展现了战略评估、战略决策、战略动员及战略执行四个决策阶段，但与一般的自上而下的决策不同，本案例注重刻画个人在整个撤侨过程中的推进作用，这与《战狼2》的情节设定有相似之处。但由于《撤离科威特》有真实人物原型，影像同时也体现了印度国内对这次大规模撤侨行动的配合。下文具体从上述四个阶段入手，展现影像背后自下而上的撤侨机制。

战略评估是整个战略的首要阶段，在这一阶段中，国家需要对国内政策、国家能力以及国际环境等要素进行全面且准确的评估——这是整个战略成功与否的关键环节，评估的结果直接影响接下来的战略决策。值得注意的是，战略评估在整个战略中并非只实践一次；如从微观的角度分析整个战略，可以看到战略评估伴随了战略的整个过程。战略决策是第二阶段，是指决策机构或决策者在充分评估事态的基础上，指定的应对策略。从战略整体看，战略决策需要权衡多方利益，综合考虑；而在具体战略制定时，决策部门内部以及利益攸关方之间也存在着博弈。第三阶段是战略动员，通过国内外人力及物力资源的调配为战略的具体执行做好准备，因此这一阶段也被称为战略准备阶段。在现实中，这一阶段的参与者不仅涉及政府部门，也可能涉及社会力量、他国资源乃至个人。最后一个阶段是战略执行，它是指基于制定的战略，利用动员的资源，具体实施战略的过程。在执行的过程中,既有的战略会因具体情况的变化而灵活调整,大多与外交战略相关的影像会尤其突出展现这一阶段。[①]

值得注意的是,无论在影像还是现实中,这四个阶段大多并非只出现一次,实际情况往往更加复杂,四个阶段甚至会同时或交替出现,互相影响,因此外交决策的发展并非线性,但为了分析的简洁性,并突出决策的整体发展路径,下文中的战略阶段分析示意图仍以剧情为基础,省略了枝叶信息,用单向箭头示意战略主干的走向。尤其是反映战略动员与执行的情节,它们从整体看有清晰的划分,但若将整体战略细化分析,则可能存在某一阶段的战略动员是另一阶段的战略执行,或某一阶段的战略评估需要参考上一阶段战略执行结果的情况。

(二)影像中各决策阶段分析

影像中的四个战略阶段并非线性展开。(见图 1-3)随着情节推进,每个主要环节均可看作是一次战略从形成到实施的过程,在不同的主体及参与者的推动下,每次战略的结果或成功或失败,累积下来,最终使得此次撤侨成功。将理论与影像结合可以得到如图 1-3 所示的过程图。

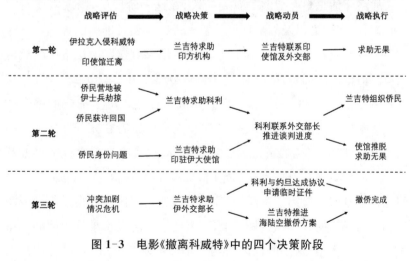

图 1-3　电影《撤离科威特》中的四个决策阶段

---

① 唐世平、王凯主编:《历史中的战略行为:一个战略思维教程》,北京大学出版社,2015,第 11—12 页。

影像中，伊拉克入侵科威特之后，大部分印度侨民滞留在科威特，并且面临生命威胁。兰吉特也是印度侨民中的一员，为了帮助印度侨民离开科威特，兰吉特多次向印度政府求助。根据兰吉特求助的过程可以看出，电影中的决策整体上是一个自下而上的过程。其中，有三个最重要的过程：一是在战争爆发后，兰吉特做出求助印度方面的决策；二是当兰吉特与科利取得联系后，决定前往印度驻伊拉克大使馆寻求支援；三是在科利将科威特的情况上报到上级，外交部部长做出撤侨决定后，兰吉特最终带领印度侨民回到祖国。

结合战略各阶段的框架整体分析，当伊拉克入侵科威特时，兰吉特起初对于冲突的严重性估计不足，途中司机奈尔被无辜枪杀才让他意识到事态的严重性，这是他对于当时情况的最初评估。不同于标准的国家层面的外交决策，兰吉特个人并非在冲突爆发之初就决定带领在科威特的印度人一起离开，而是在感受到他的员工以及其他侨民的期待后，才转变了态度，这也直接影响了他的决策。由于这些人中大多数没有确认身份的证件，兰吉特计划先将他们暂时聚集在一起，完成之后立刻前往印度驻科威特大使馆，希望使馆方面能够提供帮助。但在一次又一次寻求帮助无果后，兰吉特不得不暂且放弃尽快离开科威特的想法，取而代之的是带领大家一起建立营地，做好长时间在科威特应对动荡的准备。在战略动员阶段，影像主要展示了科利努力推动印度与约旦方面的谈判，兰吉特先后与印度驻伊拉克大使馆、伊拉克外交部长联系，寻求支援，并在谈判完成后联系印度民航部门协助撤侨。最后，在战略执行阶段，兰吉特带领印度侨民先乘汽车从科威特驶入约旦境内，再乘坐印度民航返回国内。

在电影《撤离科威特》中，兰吉特对于整个撤侨决策的推动作用是值得肯定的。但不可否认的是，以科利为代表的印度国内相关部门，以及印度驻科威、伊拉克和约旦大使馆的协助，也是这次成功撤侨的必要条件。科利从最初接到兰吉特电话时的敷衍推诿，到之后对身处科威特的印度侨民危急情况的感同身受，这种情感上的转变让科利决定要帮助兰吉特,以至之后科利在印度国内的战略决策和动员阶段起到了至关重要的作用。这种作用具体表现在三方面:首先,科利为了接手海湾分区的工作,从印度外交部长处获得了授权,并着手处理与约旦方面的谈判;其次,作为印度外交部与兰吉特之间的信息传递者,科利建议兰吉特前往巴格达寻求印度驻伊拉克大使馆解决印度侨民的护照问题,虽然大使馆最终还是以国家安全以及两国关系为由,拒绝为17万人发放临时证件,但当兰吉特将此情况反馈给科利后,他便立刻开始推进与约旦方面的谈判;最后,也是通过科利的推动,印度驻约旦大使馆同意给这17万人发放临时回国证件。约旦政府方面表示可以接受印度侨民过境约旦,这一关键性的进展也促成了撤侨行动的顺利执行。因此,纵观影像,虽然兰吉特在整个撤离过程中发挥了极大的作用,但科利在每个关键阶段发挥的引导、斡旋作用也同样需要肯定。

(三)案例特性分析

相较于其他案例,该影像的特性体现在个人自下而上对撤侨决策的推动和对执行的协助,而在大多数情况下,外交政策是由国内、国际行为者和团体共同设计的。在分析外交政策的执行时,可以通过许多激励因素来解释决策者所做的决定背后的理由。一些影响因素包括决策者自己的个性和认知、理性程度,国内政治以及国际和国内利益集团。在提到的因素中,即使在国际背景下,国内政治环境也塑造了一个国家整体的决策框架。[1] 虽然系统层面的变量可以帮助解释和预测宏观的决策方向,但如果不直接从个人层面考虑,即分析决策者或团体,也是无法理解任何危机中的各项决策的。[2] 现实中,在自下而上的决策路径或反复多次的战略循环中,决策者不仅仅涉及处于

---

[1]　Hussain, Zaara Zain, "The Effect of Domestic Politics on Foreign Policy Decision Making," E-International Relations 7 (2011), https://www. e-ir. info/2011/02/07/the-effect-of-domestic-politics-on-foreign-policy-decision-making/,最后登录时间:2023 年 2 月 8 日。

[2]　Renshon, Jonathan, and Stanley A. Renshon, "The Theory and Practice of Foreign Policy Decision Making," *Political Psychology* 29.4,2008, p.511.

"同心圆"中心的个人，外围的推动者也是不可忽略的战略主体。

《战狼2》中，冷锋是具有特种兵背景的退役军人，熟悉如何应对危机情况，并能有效与舰长配合，独自或在组织协助下在险境中完成各项营救任务。然而，对于本案例中的兰吉特，商人背景的他在前期为印度侨民寻找回国出路时，先后联系了印度驻科威特大使馆、印度外交部、印度外交部联合秘书，均未收到积极回复；且在伊拉克外长同意印度侨民回国后仍受到军队阻挠。在多次联系后，印度外交部联合秘书才答应提供帮助，并在之后协助侨民申请临时证件。整个过程从求助无果到侨民撤离成功，兰吉特个人的推动作用尤其显著。虽然，不得不承认，影像或对兰吉特个人进行了部分夸张和虚构，但从影像案例分析的角度看，个人自下而上对整个撤侨战略的推动作用仍是本案例的一个重要特征。

五、关键要点

（一）对电影《撤离科威特》的剧情和背景知识需有全面的了解。

（二）对自下而上的决策路径及执行的相关理论知识需有全面牢固的掌握。

（三）将电影《撤离科威特》讲述的故事与相应的理论知识结合起来，进行全面分析。

（四）根据对本案例的分析，探讨其现实意义。

六、建议课堂计划

（一）课前计划

1. 请学生在课前完整观看电影《撤离科威特》，并通过查阅相关资料对影片有一个完整的认识和评价。

2. 阅读教材相关材料，对影片中涉及的有关战略过程的知识有较全面的掌握。

3. 在班级学生中组织案例研究制作团队，每个团队根据需要，选定数名同学进行影像案例展示准备。

（二）课中计划

1. 任课教师介绍课堂计划与安排，不多赘述，简单引出电影《撤离科威特》。（5分钟）

2. 请案例研究制作团队进行影像案例展示。（20分钟）

3. 请同学们根据在每个团队影像案例展示过程中产生的问题进行简单讨论和提问，相关团队人员代表予以精简回答。（10分钟）

4. 任课教师针对每个团队的影像案例展示内容，对团队成员和在座同学进行引导式提问。被提问团队和在座同学经过小组讨论后，请代表解答。（25分钟）

5. 任课教师对每个团队的影像案例展示成果进行评论，对相关问题的讨论进行总结，并提出改进建议。（10分钟）

6. 结合影像案例，任课教师进行外交决策理论知识的讲授。（15分钟）

（三）课后计划

1. 要求影像案例展示团队根据教师在课堂上的总结、评价和改进建议，修改完善影像资料。

2. 要求未制作影像案例的同学根据影像案例展示的内容和讲授的相关知识，结合当今国际关系热点，进行影像案例制作，并结合相关资料，着眼案例背后的真实事件，分析原因。

3. 任课教师要求全体同学阅读参考文献中列出的相关资料。

七、参考文献

1. 安维华、钱雪梅编：《海湾石油新论》，社会科学文献出版社，2000。

2. 李少军主编：《国际战略学》，中国社会科学出版社，2009。

3. 唐世平、王凯主编：《历史中的战略行为：一个战略思维教程》，北京大学出版社，2015。

4. 王鸣鸣：《外交政策分析：理论与方法》，中国社会科学出版社,2008。

5. ［美］罗德尼・P.卡莱尔：《美国人眼中的海湾战争》,孙宝寅、孙卫国译,当代中国出版社,2006。

6. ［美］皮埃尔・塞林格、［法］埃里・洛朗：《海湾战争——秘密档案》,廖先旺等译,世界知识出版社,1991。

7. 陈江：《海湾危机形成的原因及其影响》,《国际问题研究》1991年第1期。

8. 成伟：《印度外交决策机制发展初探》,《法制与社会》2013第16期。

9. 宋海啸：《印度对外政策决策模式研究》,《南亚研究》2011年第2期。

10. 秦鸿国：《战火中撤离科威特》,《世界知识》1990年第23期。

11. 孙鲲：《海湾危机的背景及发展趋势》,《世界经济与政治》1990年第11期。

12. Aman，M.，"War and Diplomacy in The Middle East," *Digest of Middle East Studies*, 2010.

13. Hussain, Zaara Zain, "The Effect of Domestic Politics on Foreign Policy Decision Making," *E-International Relations* 7, 2011.

14. Macdonald, S., "Hitler's Shadow: Historical Analogies and The Iraqi Invasion of Kuwait." *Diplomacy & Statecraft*, 2002.

15. Ovendale, R., Victory. D., "The War for Kuwait: Norman Friedman," *Digest of Middle East Studies*, 2010.

16. Renshon, Jonathan, and Stanley A. Renshon, "The Theory and Practice of Foreign Policy Decision Making," *Political Psychology* 29. 4, 2008.

《逃离德黑兰》：
国内环境及部际协调对
国际战略的影响[①]

刘雪君[*]

摘　要： 本案例选取电影《逃离德黑兰》为研究对象。该电影以1979年美国伊朗人质危机这一真实事件为背景，讲述了事件发生后，美国以拍摄科幻电影《阿尔戈号》为名，与相关国家及国内外有关部门合作，成功营救出6名美国驻伊朗大使馆人员的故事。本案例主要通过美国的人员营救决策体现该过程中的部际合作、国际协调及决策的具体执行等理论知识。本文目的在于通过对影像中的外交决策及各相关机构部门协调合作等要点进行分析，运用国际战略理论知识解释影片内容，加强学生对决策及具体动员和执行的理解。本案例主要适用于国际战略研究的案例教学，适用对象可为国际政治及外交学专业的本科生及硕士研究生。

关键词： 伊朗人质危机；驻外人员；人员撤离；部际协作

---

① 作者曾以该影像为案例，从安全教育视角出发，著有《〈逃离德黑兰〉：协作网络下的人员营救》一文，详见谌华侨主编《海外紧急避险研究：典型问题与影像案例》，人民日报出版社，2018，第65—78页。

* 刘雪君，女，香港城市大学公共及国际事务学系。

案 例 正 文

一、影片概述

（一）创作背景

《逃离德黑兰》（*Argo*）改编自 1979 年美国"伊朗人质危机"这一真实事件——是年伊朗伊斯兰革命胜利，骚乱中，66 名美国驻当地大使馆的工作人员及平民被挟持为人质。此次危机历时 400 余天，期间，英国使馆也经历了类似事件。

（二）基本信息

《逃离德黑兰》是一部历史政治剧情片，上映于 2012 年，由本·阿弗莱克导演，克里斯·特里奥编剧，本·阿弗莱克、艾伦·阿金、约翰·古德曼等主演。影片上映后荣获多项国际大奖，如第 85 届奥斯卡金像奖最佳影片奖等。①

（三）人物关系

如图 2-1 所示。

1979 年的骚乱中，6 名美国驻伊朗使馆工作人员藏身于加拿大使馆，而此时，伊朗革命卫队正在对他们展开搜捕。美国中情局特工托尼·门德兹主要负责营救这群美国公民，他的上级杰克·唐纳顶住压力，全力支持托尼·门德兹的行动。在好莱坞制片人莱斯特·西格尔和特效化妆师约翰·钱伯斯的协助下，他们组成拍摄团队前往伊朗。与此同时，加拿大驻伊朗大使肯·泰勒为被困美国公民提供了护照等方面的帮助。在经历各种波折后，这 6 名使馆人员最终安全逃离伊朗。

---

① Argo（2012）Awards，IMDb，https://www.imdb.com/title/tt1024648/awards/，最后登录时间：2022 年 9 月 4 日。

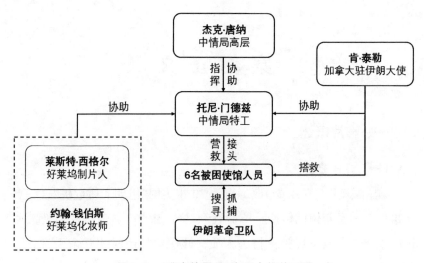

图 2-1　《逃离德黑兰》主要人物关系图

二、剧情介绍

如图 2-2 所示。

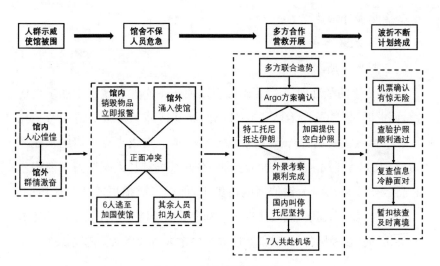

图 2-2　核心剧情脉络图

（一）人群示威　使馆被围

1979 年,伊朗人民推翻末代国王巴列维的统治。巴列维罹患癌症,由于获得了美国的政治庇护,前往美国进行医治;伊朗人民要求将其引渡,进行审判。同年 11 月 4 日,美国驻伊朗大使馆外聚集了大量伊朗群众,他们游行示威、群情激奋;使馆内仍有工作人员在办公,这让使馆里的美国公民和前来办理签证的伊朗人都感到十分不安。

（二）馆舍不保　人员危急

美使馆人员发现有人翻墙进入后,立即关闭办公室。他们一边报警,寻求伊朗警方的帮助,一边紧急销毁使馆内的机密文件及物品——包括文件柜、保险柜及签证印版等。情况危急,但整个销毁过程至少需要一个小时才能处理完毕。一部分美使馆工作人员认为伊朗警察或军队难以及时赶到,需要尽快撤离;但也有人认为大使馆应被视为美国的领土,留守此处才是最安全的选择。因为担心激化冲突,使馆安保人员虽荷枪实弹,却被要求不可以射击使馆外聚集的伊朗群众,最多只能使用催泪弹。他们当中有一人走出馆舍,试图与伊朗民众沟通,却不料因此被扣留。示威人群以此作为威胁,使馆人员只能打开大门,人群借机一拥而入,部分伊朗人撬开地下卫生间窗户的栏杆和玻璃,也冲进了美国大使馆。正面冲突由此爆发,60 多名使馆工作人员包括平民被劫持作为交换巴列维的筹码。混乱中,6 名美国人从馆舍侧门逃出,前往加拿大大使官邸寻求庇护。

（三）多方合作　营救展开

当时情况危急,伊朗革命卫队挨家挨户地搜查,而此时,美国广播公司驻伊朗站则无法向外播送当地画面,美国国内的舆论持续发酵,位于美国弗吉尼亚州的中情局总部在事件后的第 69 天开会讨论营救方案。会上,中情局特工托尼·门德兹介绍了被困 6 人的基本情况及各自特点等信息。会议期间,有人建议让被困者骑自行车从山路逃离,但托尼·门德兹认为此方案过于荒唐。在紧迫的时间压力下,他提议可尝试在伊朗人盘查到 6 人前,让其获得其他身份,再乘坐商业飞机离开伊朗。

1980 年 1 月 16 日,即人质事件发生后的第 74 天,托尼·门德兹受到《星球大战》的启发,想到可将被困的六人身份设定为前往伊朗寻找科幻电影拍摄地的加拿大摄制组人员。为此,他找到好莱坞特效化妆师约翰·钱伯斯和制片人莱斯特·西格尔,并通过确定电影《阿尔戈号》剧本、购买版权、媒体宣传等一系列操作,最终获得了美国政府的批准。

(四)波折不断 计划终成

一切就绪,托尼·门德兹随即前往伊朗,开展营救工作。加拿大方面提供了至关重要的帮助,使 6 人拿到了用于伪造身份的空白加拿大护照。6 人先是意志消沉,但经历了外景考察及国内方面的掣肘后,反而积极准备,共赴机场迎接最后的考验。在机场取票时,因为国内计划被叫停,所以必须要得到卡特总统的批准才可以拿到 7 张飞往苏黎世的机票。中情局高层杰克·唐纳积极争取,机票信息得以及时传入机场系统。在机场中,最先来查问的是检查站——由于只查护照,众人顺利通过。第二个关卡是移民局,7 人虽然遭受怀疑,但由于托尼·门德兹拿出了伊朗文化部长的信函,也顺利过关。最后是革命卫队的查问,这些人曾在美国或欧洲接受教育,因而这一关难度最大。登机前,7 人暂被扣留,等待身份的确认,革命卫队先给美国方面打电话确认了其身份,迟疑间隙,7 人登上飞机,最终成功离境。

三、附录

《逃离德黑兰》展现的关键要点在众多影像及书籍中也有体现,以下提及的影像及书籍除涉及驻外人员(尤其是外交机构人员)安全及危机中不同机构部门间的协作外,还引申至外交馆舍等方面的内容,以供学习参考。

（一）纪录片

1.《传奇·伊朗人质危机》，2014。

2.《档案·最漫长的劫持：1996 年日本驻秘鲁大使馆人质危机》，2014。

3.《纵横天下·外交官纪实系列纪录片》，2011。

4.《面对面·跨国撤离中的外交官：枪林弹雨中的高效撤离》，2011。

（二）电影及电视剧

1.《锅盖头 3：绝地反击》（*Jarhead* 3：*The Siege*），2016。

2.《国土安全第四季》（*Homeland Season* 4），2014。

3.《六天》（6 *Days*），2017。

（三）图书

1.［美］简·洛菲勒：《外交与建筑——美国海外使领馆建造实录》，袁海滨译，中国财政经济出版社，2010。

2. 科兰：《大使馆和外交官：机构设置·分工·职责》，世界知识出版社，1998。

3. 青峰石：《外交部大楼里的故事》，世界知识出版社，2006。

案例使用说明

一、教学目的与用途

（一）本案例主要适用于外交战略研究的案例教学，适用对象为国际政治及外交学的本科生、硕士研究生，以及对外交决策及国际战略相关知识感兴趣的学习者，也可用作对电影《逃离德黑兰》感兴趣的学习者的阅读参考资料。

（二）本案例的教学目的在于通过对电影《逃离德黑兰》内容的研究分析，总结影片中体现出的外交决策及具体动员、执行阶段的理论知识，然后运用这些理论知识具体解释影片对应的典型事件，加深学习者对这些知识的认识、理解和实际运用。

二、启发思考题

（一）电影《逃离德黑兰》讲述了什么内容？

（二）《逃离德黑兰》是如何通过解救美国人质的事件来体现外交战略中的部际、国际协作及人质营救的？

（三）思考如何利用国际战略各阶段的理论框架分析剧情。

（四）思考各阶段体现的部际、国际协作如何应用于对现实案例的阐释。

三、分析思路

本案例的研究是基于外交决策及具体战略动员和执行阶段的相关理论知识，并结合电影《逃离德黑兰》的内容展开的。

在案例分析过程中，首先引导学生观看电影《逃离德黑兰》，概括电影主要情节，再提取出对应的真实事件，通过查阅资料总结该事件的产生、发展、结果及影响，让学生对影片讲述的内容和背景有全面和深刻的了解。

其次，要求学生从已经概括出的故事情节中，结合相关资料，总结体现的理论知识。

最后，指导学生研究分析相关理论知识，运用其具体解释影片中对应的典型事件，并探究在现实案例中，各部门及各国是如何协作执行外交战略的。

四、理论依据与分析

与本书之后分析的《战狼2》和《红海行动》的聚焦点不同，本案例的分析在上述两个影像展现的外交战略全过程的基础上，着重关注战略决策及其具体动员和执行阶段。基于理论及《逃离德黑兰》原型事件的发生背景和影像中展现的营救过程，下文将首先从国际战略角度对案例进行一般性分析，之后聚焦本案例所体现的各机构部门及国家间的协作，并结合影像中的相关情节加以阐述。

（一）理论依据

外交战略的四个基本阶段——战略评估、战略决策、战略动员、战略执行——可作为本案例分析的基本框架，每个阶段的主体及参与者是不同的，而这整个决策机制和过程则体现出了很明显的"同心圆"特征。吴志焜在《系统论视角下的美国外交决策机制研究》中指出，同心圆决策模型是由罗杰·希尔斯曼提出的，它将美国外交决策机制分为三个层次，"其中最内层是总统、其主要顾问以及他在行政机构任命的最高层核心官员如国务卿、国防部长等；中层是行政分支各部门和机构人员，包括为决策核心提供建议和意见的行政机构官员；外层包括国会、利益集团、公众舆论和媒体"[1]。唐晓具体指出，美国中央情报

---

[1]　吴志焜：《系统论视角下的美国外交决策机制研究》，硕士学位论文，辽宁大学，2015，第49页。

局是独立于政府各部门的情报机构,负责独立处理和协调其他政府部门进行情报相关工作。①

在决策过程中,决策者或决策团体最终做出的决策都基于一个"漏斗"模型——在现实环境的基础上,决策者或团体透过多层但非连贯的信息过滤以及自身的心理滤镜,在有限但重要的认知范围内做出决策。对"基本决策困境"有直接影响的要素之一是持续的压力。它带来的负面影响包括削弱关注力和认知、僵化认知,以及短视等后果。另一个要素是时间压力,这是因为它影响着决策者或团体在压力下心理保持冷静的能力。当决策者有更多时间做出判断时,理性的计算会削弱其主观性,这时的决策并非是完全错误的,但无法用理性行为模型来分析。② 为了提高决策的质量,基于决策过程中固有的冲突和分歧的"多重倡议"模型③结合了行政倡议和集中协调,以及代表不同观点的多个行为者,这在影像中也有所体现。

此外,外交政策是在复杂的国内和国际环境中制定和实施的。外交政策分析需要多层次和多层面,以了解外交政策的复杂动机和性质。有时,由于国内政治要求,领导人可能不得不诉诸次优的外交政策。④ 国内政治及舆论的造势给战略的制定提供了环境,也会最终投射在战略的执行上。

（二）影像中外交战略的阶段性分析

回到影像中,美国国务院在寻求方案时咨询了中央情报局,最终方案及执行也由中情局特工制定并完善,最后中情局特工在执行营救任务时,即使上级部门取消了行动,也通过多方协助带回了被困人员。

---

① 唐晓:《美国外交决策机制概论》,《外交学院学报》1996年第1期,第53页。

② Renshon, Jonathan, and Stanley A. Renshon, "The Theory and Practice of Foreign Policy Decision Making," *Political Psychology* 29.4, 2008, pp.509—536.

③ George, Alexander L., "The Case for Multiple Advocacy in Making Foreign Policy," *American Political Science Review* 66.3, 1972, pp.751—785.

④ Hussain, Zaara Zain, "The Effect of Domestic Politics on Foreign Policy Decision Making," *E-International Relations* 7, 2011, https://www.e-ir.info/2011/02/07/the-effect-of-domestic-politics-on-foreign-policy-decision-making/,最后登录时间:2023年2月7日。

这一情节也印证了相比于其他决策部门和机构,中央情报局拥有更多独立的权力。公众舆论及媒体的助推作用也明显地见诸战略评估及动员阶段。在战略决策阶段,国务院、白宫和中情局是协调制定决策的主要参与者,而国内新闻报道和舆论的发酵在一定程度上会影响决策者的战略评估,好莱坞的协助和媒体的渲染则对战略的执行起到了至关重要的作用。因此,战略的阶段分析及同心圆的决策模型共同为本案例提供了理论依据。

具体而言,在伊朗人质危机发生后,除了美国国务院、白宫总统和参谋长、中情局及其特工参与决策的制定,国内的舆论报道、群众反应、驻伊朗外交官的人身及馆舍安全等因素,也对这次外交决策的制定产生了影响。

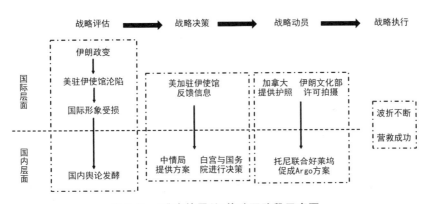

图 2-3 《逃离德黑兰》战略四阶段示意图

宏观层面上,危机发生前、中、后,当地社会秩序的动荡与相关人员的安危是影响战略决策的重要因素。回顾从 1951 年穆罕默德·摩萨台被选举为伊朗首相,到 1953 年摩萨台被推翻,再到礼萨·巴列维成为沙阿,伊朗国内矛盾加剧,以致 1979 年巴列维下台、霍梅尼回国——可以看出伊朗民众冲击美国大使馆及之后的人质危机并非偶然。此后,无当地警力的支援,且在应对激动的伊朗民众时,馆舍人员不当的应对措施,最终致使大批示威群众涌入大使馆。

　　具体而言,除了上述在动荡地区的日常安全威胁外,在群众冲撞大使馆的事件发生之后,驻外人员撤离时的准备与行动也具有较高的危险性——这些因素都是战略评估阶段需要考量的重点。《逃离德黑兰》中营救的被困美国公民是美国驻伊朗大使馆的工作人员,按照影像中的描述,其中既有使馆官员,也有普通的打字员和农业专员。由于置身他国,当地的社会秩序及大环境对其的影响是多方面的,既包括社会动荡时的安全威胁,也包括撤离过程中的安全威胁。影像在展示使馆人员撤离前的准备工作时,尤其强调了他们在冲突刚刚爆发时,就及时向当地警方寻求支援,利用碎纸机、焚烧炉等销毁使馆中的重要文件和物品。同时影像中还强调使馆的安保人员不得对使馆外的伊朗群众使用武力,以免激化矛盾。这些危机中的应急行为对于人身安全和保护国家机密而言都是具有积极意义的。然而,当愤怒的示威群众借机冲入大使馆后,情况则向着不可控的方向开始发展。影像之后也刻画了躲避在加拿大大使馆的 6 人的情绪变化,以及他们在室外考察时的惊险时刻。因此,虽然对于伊朗示威人群冲击美国大使馆的研判是整个战略评估的主要内容,但随着情况的发展,对不断出现的新危机的评估也影响着决策及其具体实施。

　　战略决策阶段,在人质危机事件发生后,美国国务院国务卿连同白宫开始会议讨论,最后国务院着手处理此事寻求解决方案,并联系中央情报局共同制定了最终行动方案——"好莱坞计划"。唐晓指出,作为联邦政府最高的外交决策机构,美国国务院深度参与各项外交政策的制定;而作为国务院之首的国务卿,则是美国总统首席外交顾问和总统外交政策的"代理人"和"主要负责人"。[①] 影像在"好莱坞计划"制订的情节中,也尤其突出了美国国务院的作用。与此同时,在相关人员计划讨论的过程中,类比推理也有所体现,这一视角认为决策者在面对新问题时,会参考过去类似的问题,并将过去的解决办法转

---

① 唐晓:《美国外交决策机制概论》,《外交学院学报》1996 年第 1 期,第 48—49 页。

化到新问题上。①

最后，在战略执行阶段，也即"好莱坞方案"实施的过程中，参谋长考虑到人员安全及美国国家尊严，终止了方案，并计划实行军事救援以解救6名使馆人员。托尼·门德兹不顾方案已被否决继续执行，卡特总统综合国内外舆情、人员安全和中期选举等因素的影响，还是批准了方案，使得方案得以继续执行并最终成功。其中，总统及其政府决策机构是美国外交决策体系中的最高决策者，总统自宣誓就职起，实际上就处于了外交的最高地位。根据美国宪法，总统和国会间虽然一直存在权力博弈，但总体上共同行使外交权。②（见图2-3）

（三）案例特性分析

相较于本书的其他影像案例，《逃离德黑兰》的一个独特之处在于影像中展现的国内的部际及国家间的协作，尤其是贯穿于战略动员和执行阶段的"好莱坞计划"——从雏形到具体的实施，都离不开各相关部门之间的协作。其中不仅包括政府机构间的配合，也有政府与民间商业团体间的协作，具体可从国内和国际两个层面呈现。

从国内角度看，托尼·门德兹在初步计划用拍摄电影的方式营救被困美国公民时，首先想到的是和制作人莱斯特·西格尔和特效化妆师约翰·钱伯斯沟通，因而才有之后的选定剧本、购买版权及宣传等环节——抽象到部门机构层面，即美国中央情报局与好莱坞之间的合作，其中美国的媒体行业，包括电视及报纸，在前期造势的过程中也起到了关键性的作用。媒体参与外交政策制定过程的所有阶段，政治领

① Redd, Steven B., and Alex Mintz, "Policy Perspectives on National Security and Foreign Policy Decision Making," *Policy Studies Journal* 41（2013）：S11-S37；Sage, Andrew P., "Human Judgment and Decision Rules." In *Concise Encyclopedia of Information Processing in Systems and Organizations*, ed. Andrew P. Sage. New York, NY：Pergamon Press, pp. 232—244.

② 孙仲：《论美国总统与国会外交决策权的消长》，《浙江大学学报（人文社会科学版）》2000年第2期，第70—76页；陈琪，刘豫群：《美国对外政策的双重标准》，《人民论坛》2020年第1期，第127—129页。

导人在决策中需要考虑媒体,媒体参与决策的过程是复杂的。①

事件发生后两个月,美国国务院、白宫办公厅及中央情报局等方面就营救方案进行商讨,以及在之后提及的三角洲特种部队计划,则体现了一国政府内部相关机构和部门间的协作。

从国际角度看,加拿大方面在事件发生后为6名美国人提供了藏身之处,并给予其空白护照用于出境;在航班的选择上,撤离的飞机飞往瑞士苏黎世——加之解密档案的佐证,都说明了至少有加拿大和瑞士政府在该营救过程中对美国提供了帮助。这种在现实中发生于不同国家间的较为抽象的合作,到影像中则具体体现在使馆及航班等具象的事物上。纵观整个伊朗人质危机,虽然主要当事国家只有美国和伊朗,但不可否认其他相关国家的作用。在解救其余数十名人质的过程中,卡特政府也在国际上积极寻求他国或国际组织的帮助。例如,卡特在此期间希望联合国及教皇保罗二世等能充当中间人,进行美伊之间的斡旋。与此同时,美国政府也希望联同其他国家对伊朗实施制裁,以此尽快解决人质问题。

总而言之,影像中,托尼·门德兹首先与好莱坞方面进行营救方案的前期设计,具体呈现为剧本的选定和人员身份的设置等。另外,在营救过程中,加拿大驻伊朗大使对托尼·门德兹的协助也对最后营救的成功起到了关键作用。在先前的计划制定和后期的机票问题解决中也体现了美国国务院与中央情报局等机构的博弈。回归现实,驻外人员输出国、危机发生国所处的地缘位置,以及人力物力等资源的调配都会促使不同机构和部门间的协作。同时,随着社会资源流动的范围扩大及效率提高,这种协作已不仅仅局限于政府部门之间,也会向民间倾斜;不仅仅局限于国内层面,也会涉及更多的跨国跨区域合作。因此,现今在处理危机时,多机构及部门间的协作越来越不可避

---

① Almond, Gabriel A. , "Public Opinion and National Security Policy," *Public Opinion Quarterly* 20. 2, 1956, pp. 371—378.

免,可以预见国家间合作的领域及所处理的事件范围也将不断扩大。[1]

五、关键要点

（一）对电影《逃离德黑兰》的剧情和背景知识需有全面的了解。

（二）对战略动员及外交决策执行阶段的部际合作理论知识要有全面牢固的掌握。

（三）将电影《逃离德黑兰》讲述的故事与相应的理论知识结合起来,进行全面分析。

（四）基于对本案例的分析,探讨其现实意义。

六、建议课堂计划

（一）课前计划

1. 请学生在课前完整观看电影《逃离德黑兰》,并通过查阅相关资料对影片有一个完整的认识和评价。

2. 阅读教材中有关外交决策的相关内容,对影片中涉及的有关部际合作的知识有较全面的掌握。

3. 在班级学生中组织案例研究制作团队,每个团队根据需要选定数名同学进行影像案例展示准备。

（二）课中计划

1. 任课教师介绍课堂计划与安排,不多赘述,简单引出电影《逃离德黑兰》。（5分钟）

2. 请案例研究制作团队进行影像案例展示。（20分钟）

3. 请同学们根据在每个团队影像案例展示过程中产生的问题进行简单讨论和提问,相关团队人员代表予以精简回答。（10分钟）

4. 任课教师针对每个团队的影像案例展示内容,对团队成员和

---

① 刘雪君：《〈逃离德黑兰〉：协作网络下的人员营救》,载谌华侨主编《海外紧急避险研究：典型问题与影像案例》,人民日报出版社,2019年,第65—78页。

在座同学进行引导式提问。被提问团队和在座同学经过小组讨论后，请代表解答。（25分钟）

5. 任课教师对每个团队的影像案例展示成果进行评论，对相关问题的讨论进行总结，并提出改进建议。（10分钟）

6. 结合影像案例，任课教师进行相关外交决策理论知识的讲授。（15分钟）

（三）课后计划

1. 要求影像案例展示团队根据任课教师在课堂上的总结、评价和改进建议，修改完善影像资料。

2. 要求没有制作影像案例资料的同学根据影像案例展示的内容和讲授的相关外交决策知识，结合当今国际关系热点，进行影像案例制作，并着眼案例背后的真实事件，分析原因。

3. 任课教师要求全体同学阅读参考文献中列出的相关资料。

七、参考文献

1. 本书编委会编：《祖国在你身后：中国海外领事保护案件实录》，江苏人民出版社，2017。

2. 谌华侨主编：《海外紧急避险研究：典型问题与影像案例》，人民日报出版社，2019。

3. 曹丽媛：《中央政府部际协调的理论和方法》，《学术论坛》2012年第35期。

4. 陈琪、刘豫群：《美国对外政策的双重标准》，《人民论坛》2020年第1期。

5. 陈志敏、肖佳灵、赵可金：《当代外交学》，北京大学出版社，2008。

6. 崔守军：《中国海外安保体系建构刍议》，《国际展望》2017年第9期。

7. 孙仲：《论美国总统与国会外交决策权的消长》，《浙江大学学报（人文社会科学版）》2000 年第 2 期。

8. 谭佳昕、王颢竣、杨清淳：《"一带一路"背景下的全球安全治理体系——试探究驻外人员安全保障机制》，《青年时代》2017 年第32 期。

9. 唐晓：《美国外交决策机制概论》，《外交学院学报》1996 年第1 期。

10. 魏亮：《伊朗人质危机起因再析》，《西亚非洲》2011 年第 1 期。

11. 吴志焜：《系统论视角下的美国外交决策机制研究》，硕士学位论文，辽宁大学，2015。

12. 肖晶晶、陈祥军、于广宇等：《海外撤侨应急运输特点分析》，《国防交通工程与技术》2012 年第 3 期。

13. 张洁洁：《试论伊朗人质危机前后美国对伊政策的转变》，《兰州交通大学学报》2010 年 5 期。

14. 张也白：《美国外交政策的特点》，《美国研究》1987 年第 4 期。

15. 赵理海：《伊美事件与国际法：引渡、人质、外交豁免权》，《法学杂志》1980 年第 1 期。

16. Almond，Gabriel A，"Public Opinion and National Security Policy," *Public Opinion Quarterly* 20.2，1956.

17. Falk R.，"The Iran Hostage Crisis：Easy Answers and Hard Questions," *The American Journal of International Law*，74（2），1980.

18. George，Alexander L，"The Case for Multiple Advocacy in Making Foreign Policy," *American Political Science Review* 66.3，1972.

19. Hussain，Zaara Zain，"The Effect of Domestic Politics on Foreign Policy Decision Making," *E-International Relations* 7，2011.

20. Redd，Steven B.，and Alex Mintz，"Policy Perspectives on

National Security and Foreign Policy Decision Making," *Policy Studies Journal* 41，2013.

21. Renshon，Jonathan，and Stanley A. Renshon，"The Theory and Practice of Foreign Policy Decision Making." *Political Psychology* 29.4，2008.

22. Sage，Andrew P，"Human Judgment and Decision Rules," In *Concise Encyclopedia of Information Processing in Systems and Organizations*，ed. Andrew P. Sage. New York，NY：Pergamon Press，1990.

❸

《猎杀本·拉登》：
十年磨一剑的情报分析

郝 楠*

摘 要：本案例选取《猎杀本·拉登》为研究对象。该电影以美国反恐战争为背景，讲述了美国中情局特工历经数年不懈追踪本·拉登，最终促成美国政府成功击毙本·拉登，取得反恐战争阶段性成果。本案例主要体现了情报分析与战略评估的国际战略理论知识。目的在于通过对影片内容的分析，运用情报分析与战略评估的理论知识解释影片对应的故事内容，加强学生对情报分析与战略评估的理解。本案例适用于国家安全、外交政策、国际政治等课程和相关专业的案例教学，适用对象可为对应课程或专业的本科生、硕士研究生，也可帮助一般观众加深对电影《猎杀本·拉登》的了解。
关键词：战略评估；情报分析；反恐战争；本·拉登；美国中情局

---

* 郝楠，男，新加坡国立大学李光耀公共政策学院公共政策硕士。

案 例 正 文

一、影片概述

(一) 创作背景

2001 年 9 月 11 日,基地组织 19 名恐怖分子在美国本土制造了一系列自杀式恐怖袭击事件,造成近 3 000 人死亡或失踪,给美国各界造成巨大冲击。美国政府根据英国政府情报,指称沙特阿拉伯富豪奥萨马·本·拉登为幕后主使,要求阿富汗塔利班政权引渡与其过从甚密的本·拉登。塔利班政权拒绝后,美国对阿富汗发动军事攻击,开启了长达十余年的反恐战争。同时,美国政府也在全球范围内搜捕包括本·拉登在内的基地组织核心成员。

巴基斯坦当地时间 2011 年 5 月 2 日,美国中央情报局和联合特种作战司令部在美国总统奥巴马亲自授权下,协同指挥海军特种作战研究大队①在巴基斯坦阿伯塔巴德击毙本·拉登。

"9·11 事件"及反恐战争给美国各界乃至世界格局造成的冲击,引发美国舆论界对其持续关注。美国涌现出大量相关学术书籍、回忆录和影像作品。美国记者马克·鲍尔在伊拉克战场上任战地记者期间,产生了写一部关于本·拉登的电影剧本的想法。其后,导演凯瑟琳·毕格罗接手该项目,并在得悉本·拉登被击毙后修改剧本,最终于 2012 年推出电影《猎杀本·拉登》(*Zero Dark Thirty*)。

(二) 基本信息

《猎杀本·拉登》是美国女导演凯瑟琳·毕格罗继《拆弹部队》后

---

① 该部队是美国海军的反恐特种作战部队,隶属于美国海军特种作战司令部,于战争时则由联合特种作战司令部指挥,其主要责任为搜集情报、执行反恐怖主义行动,以及进行科技研发等。其前身为美国海军海豹突击队第六分队,简称海豹六队(US Seal Team Six)。

再度与记者出身的编剧马克·鲍尔合作的现实题材电影，集结了杰西卡·查斯坦、马克·斯特朗、艾格·拉米瑞兹和乔尔·埃哲顿等演员。在美国政界将击毙本·拉登归功于时任总统奥巴马的领导时，该电影揭露了一位名叫玛雅的中情局特工历时 12 年不懈努力，成功追查到本·拉登藏身之所的幕后故事。不同于其他同题材电影突出战争场面，该电影用三分之二的篇幅重点刻画了情报分析、战略评估的过程。此外，该电影因其纪实性，还受到美国政界对其非法获取机密信息的指控①，也从侧面说明其可作为学习外交政策与战略决策的绝佳素材。

（三）获奖情况

电影甫一上映，美国主流舆论界好评如潮。《华尔街日报》《纽约邮报》《洛杉矶时报》等媒体均给出高度评价。《时代周刊》将之列为年度十佳电影之一。该电影也获得了市场的认可，以 2 443 万美元登顶 2013 年的美国周末票房冠军。

欧美电影界对该电影的评级也颇高。该电影获得了第 85 届奥斯卡的最佳影片提名、最佳原创剧本提名、最佳女主角提名、最佳剪辑提名、最佳音效剪辑，第 66 届英国电影学院奖的 5 项提名，以及第 70 届金球奖的 3 项提名与剧情类最佳女主角奖。

（四）影片梗概

"9·11 事件"发生后，美国中央情报局女探员玛雅历经数年追踪幕后主使本·拉登。探员们从一位名叫阿布·艾哈迈德（真名为赛义德）的本·拉登信使入手，最终通过他的下落确认了本·拉登的藏身之所。随后，美国海军特种部队将本·拉登击毙。

（五）人物关系

如图 3-1 所示。

---

① Brent Lang, Government Communicated with "Zero Dark Thirty" Makers，*Chicago Tribune*，August 29, 2012, https://www.chicagotribune.com/entertainment/ct-xpm-2012-08-29-sns-rt-us-zerodarkthirty-ciabre87s1et-20120829-story.html,最后登录时间：2022 年 2 月 7 日。

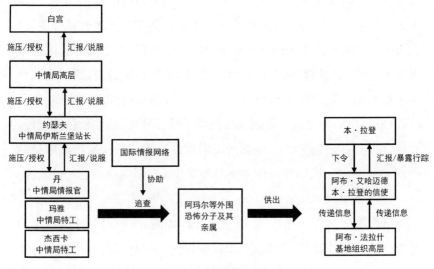

图 3-1　人物关系图

二、剧情介绍

如图 3-2 所示。

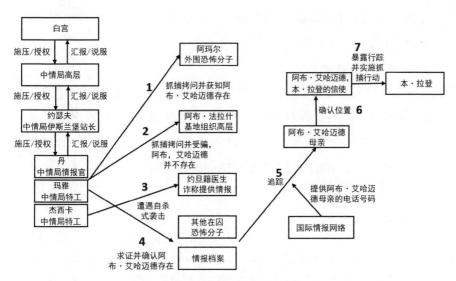

图 3-2　简明故事脉络图

(一) 意外得悉拉登信使

玛雅是一名中情局特工，自 1999 年开始便致力于追踪基地组织头目本·拉登。2003 年，她受派常驻美国驻巴基斯坦大使馆内的中情局伊斯兰堡情报站。她和中情局官员丹共同参与了对恐怖分子阿玛尔的严刑拷问，要求其供出基地组织核心人物的行踪等信息。阿玛尔因受基地组织指示向"9·11 事件"中的几名劫机者汇出行动资金而被拘捕。丹对阿玛尔使出诸多酷刑与招数，均未能取得实质进展。与此同时，针对美国机构与个人的恐怖袭击在全球各地不断发生。

美国政府的反恐行动不断遭遇失败。玛雅提议利用阿玛尔酷刑后的心理脆弱和与外界长期失去联络而形成的信息缺失，对阿玛尔进行欺骗式审问。阿玛尔无意中透露了一个玛雅从未听闻的关键人物的姓名——阿布·艾哈迈德。丹和玛雅调查后发现，阿布·艾哈迈德为本·拉登的个人信使，帮助隐身幕后的本·拉登与外界联络，操控基地组织的全球性恐怖网络。

(二) 追踪任务遭遇重挫

2005 年，基地组织一名核心人物阿布·法拉什落网。情报显示，其与本·拉登的联系正是依赖信使阿布·艾哈迈德传递信息。然而，阿布·法拉什谎称阿布·艾哈迈德并不存在，信使另有其人，企图混淆视听，掩盖本·拉登的行踪。

一名服务基地组织高层的约旦籍医生向约旦情报机构自首，要求提供保护与资金。中情局希望借此机会追踪到本·拉登。玛雅的同事杰西卡在与该医生接头过程中，遭遇自杀式汽车炸弹袭击。现场 7 名中情局人员、1 名约旦情报机构人员遇难，6 人受伤。与此同时，玛雅接到沙特阿拉伯情报机构的情报，一名新近被捕的恐怖分子指认其曾于 2001 年亲手埋葬了阿布·艾哈迈德。玛雅对于阿布·艾哈迈德的追踪陷入僵局。中情局对于本·拉登的追踪遭遇重挫。然而，白宫及中情局高层不满美国政府投入几十亿美元、大量人力却不见成效，转而对玛雅等中情局特工施加压力。

（三）信使追查峰回路转

玛雅偶然得知五年前中央情报局曾接获友邦情报：一名叫伊布拉罕·萨伊德的男子曾以阿布·艾哈迈德的假名旅行，并因伪造文书等罪名被拘留过。玛雅意识到阿布·艾哈迈德尚在人间，并紧急联系现任中情局总部高官的丹，寻求协助。玛雅查明阿布·艾哈迈德有兄弟8人，形貌相似。其中3人投身基地组织。此前确认死亡的人为其兄弟，并非其本人。玛雅说服中情局伊斯兰堡站长及高层，调配资源和人手继续追查。

中情局利用国际情报网络，以一辆兰博基尼贿赂了一名科威特王子，获得了阿布·艾哈迈德常住科威特的母亲的电话号码。中情局在监测其母亲电话期间，通过推理分析，并借助其他被捕恐怖分子提供的信息，最终确认了阿布·艾哈迈德的所在位置及其信使的身份。就在中情局确认阿布·艾哈迈德的藏匿处在巴基斯坦阿伯塔巴德的一个大型水泥建筑堡垒之际，玛雅在伊斯兰堡的住宅附近遭遇恐怖分子袭击。出于安全考虑，玛雅紧急奉调回中情局总部。

（四）情报助力击毙拉登

中情局对大型水泥建筑堡垒进行了长达三个多月的监测、评估、分析后，基本掌握了堡垒中居住着三个家庭，但始终无法确认其中一个家庭的男性身份。虽然中情局的情报显示该未知男性人员应为高价值目标，但无法确认其为本·拉登本人。

奥巴马总统的国家安全顾问委托中情局制定一项逮捕或击毙本·拉登的计划。中情局高层分析后认为，堡垒中未知男子为本·拉登的可能性仅有60%到80%。玛雅则力排众议，坚称可能性是100%。中情局高层最终被说服，并汇报白宫，获得授权后会同美军特种部队开始行动。

2011年5月2日，美国海军特种作战研究大队两架隐形直升机从阿富汗起飞，夜袭巴基斯坦境内阿伯塔巴德的大型水泥建筑堡垒。行动最终确认击毙本·拉登，宣告美国反恐战争取得重大阶段性成果。

（见图 3-2）

三、附录

（一）纪录片

《杀死本·拉登》（*Killing Bin Laden*），2011 年。

（二）报道

"Nicholas Schmidle，Getting Bin Laden：What Happened That Night in Abbottabad," *New Yorker*，2011.

（三）图书

1. ［美］马克·欧文、凯文·莫勒：《艰难一日：豹六队击毙本·拉登行动亲历》，杨保林、张宝林、王蕾译，中信出版社，2012。

2. ［美］埃里克·施密特、汤姆·尚卡尔：《反恐秘密战：美国如何打击基地组织》，洪漫译，新华出版社，2015。

3. ［美］迈克尔·莫雷尔、比尔·哈洛：《不完美风暴：美国中情局反恐 30 年》，朱邦芊译，中信出版社，2018。

4. ［美］奥德丽·库尔思·克罗宁、詹姆斯·M.卢德斯：《反恐大战略：美国如何打击恐怖主义》，胡漱、李莎、耿凌楠译，新华出版社，2015。

5. ［美］冯稼时：《减少不确定性：情报分析与国家安全》，陈枫译，金城出版社，2020。

6. ［美］霍华德·E.瓦斯丁、斯蒂芬·坦普林：《海豹突击六队：美国反恐行动的神秘之师》，段淳淳、匡晓文译，光明日报出版社，2011。

7. 牛新春：《战略情报分析：方法与实践》，时事出版社，2016。

案例使用说明

一、教学目的与用途

（一）本案例主要适用于外交战略、外交政策分析、情报分析、国际安全、国家安全、恐怖主义研究等课程的案例教学，适用对象为国际关系、国际事务、国际政治、外交学、国家安全等专业的本科生、硕士研究生，也可帮助对电影《猎杀本·拉登》感兴趣的读者加深对电影的了解。

（二）本案例旨在通过对电影《猎杀本·拉登》内容的研究分析，总结影片中体现出的外交战略等理论知识，然后运用这些理论知识具体解释影片中对应的典型事件，加深学习者对这些知识的认识、理解和实际运用。

二、启发思考题

（一）《猎杀本·拉登》讲述了什么内容？

（二）《猎杀本·拉登》如何通过展现玛雅历时数年的追踪，体现美国反恐的情报分析、战略评估的过程？

（三）涉及反恐与国家安全事件的情报分析与战略评估过程的信息往往较少见诸公开渠道。为什么猎杀本·拉登事件的信息相对充分，甚至可以拍成纪实电影？

（四）如何利用情报分析和战略评估过程的理论知识，分析《猎杀本·拉登》的对应事件？并试以相关理论分析我国重大反恐事件。

（五）我国如何从《猎杀本·拉登》揭示的反恐过程中获取反恐经验和教训？

三、分析思路

本案例的研究是基于情报分析、战略评估理论知识，并结合电影《猎杀本·拉登》的内容而展开。

在案例分析过程中，首先引导学生观看电影《猎杀本·拉登》并概括电影主要故事情节，再提取出对应的真实事件，通过查阅资料总结该事件的产生、发展、结果及影响，让学生对影片讲述的内容和背景有全面和深刻的了解。

其次，要求学生根据已经概括出的故事情节，结合案例正文附录中的相关材料和《历史中的战略行为：一个战略思维教程》《战略情报分析：方法与实践》等内容，总结其中体现的理论知识。

最后，指导学生运用相关理论知识，解释影片中对应的典型事件，并探究实际运用情报循环等理论知识。

四、理论依据与分析

（一）理论依据

一般情况下，完整的战略大致可以分为四个阶段，即战略评估、战略决策、战略动员与战略执行（见表3-1）。各个阶段的行为体与侧重点均不相同。[①]

表3-1 战略行为的阶段划分[②]

战略行为阶段	主要行为体	辅助行为体
战略评估	情报收集和评估系统	决策层
战略决策	决策层	情报和智库系统
战略动员	官僚体制	决策层
战略执行	官僚体制、具体的执行人员	决策层、情报系统

---

① 唐世平、王凯主编：《历史中的战略行为：一个战略思维教程》，北京大学出版社，2015，第15页。

② 同上。

在战略评估阶段,国家的情报收集和评估系统是主要行为体,其承担的情报收集分析任务对于战略行为的后续推进至关重要。战略评估不仅需要评估本国的基本环境,也需要评估国际层面的威胁,包括盟友、伙伴国家、敌对国家或非国家行为体,以及国际政治、经济、科技等的发展趋势。外交战略的评估则尤其侧重于国际层面。这也要求相应的情报收集应全面、精确和及时。

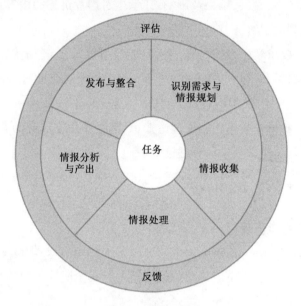

图3-3　情报过程[①]

目前美国与北约情报学界和情报实务界通用的情报过程分析和操作框架包含六大核心要素,涉及指挥官为达成合理决策而在特定时间所需的关于敌方和环境的最关键的信息需求(见图3-3)。[②] 这六大核心要素即识别需求与情报规划(Planning and Direction)、情报收集

---

① United States Joint Chief of Staff, Joint Publication 2-0, Joint Intelligence, October 22, 2013, p. 24.

② United States Department of Defense, Joint Publication 1 – 02, Department of Defense Dictionary of Military and Associated Terms, November 2021, p. 75.

（Collection）、情报处理（Processing and Exploitation）、情报分析与产出（Analysis and Production）、发布与整合（Dissemination and Integration），以及贯穿整个过程的评估与反馈（Evaluation and Feedback）。（见表 3-2）一个情报过程以需求方发布任务目标开始，以情报行动获得需求方反馈为结束。[1]

表 3-2　情报过程阶段[2]

情报过程阶段	主要内容
识别需求与情报规划	该阶段为初始阶段，对于任何竞争情报计划的成功以及决策机构对该计划的采用至关重要。在这一阶段，情报团队需要确保关键利益相关者参与确定项目目标。一旦获得了明确定义的需求，情报团队就可以利用他们已经知道的信息来有效地执行计划。
情报收集	收集阶段确定在何处以及如何进行数据采集和信息收集。年度报告、网络论坛、社交媒体、新闻媒体、博客、专利数据库、内部和外部关系等各种开放和封闭的工具和资源，皆可用于检索数据和信息。
情报处理	该阶段包括对收集的数据和信息进行整理、验证和评估，以确认其有效性和相关性。处理的及时性和准确性取决于收集的数据或信息的类型，以及可用的处理和开发系统的类型。
情报分析与产出	在这一阶段，情报分析员将处理后的数据和信息转化为完整的情报信息。通过评估、分析和解释，分析人员以易于理解的形式生成情境化的最终情报，以满足需求并促进决策过程。
发布与整合	这一阶段有 4 个正确原则：正确的事件，正确的形式，将情报通过正确的媒介提供给正确的人。
评估与反馈	评估与反馈应当贯穿于整个过程，但是当情报的最终产品在提交并获得需求者的反馈后，一个情报周期就结束了。

在情报收集环节，目前情报实务界基本总结出了五大主要情报，

---

① United States Joint Chief of Staff, Joint Publication 2-0, Joint Intelligence, October 22，2013，p. 24.

② Ibid，pp. 23—40.

即人工情报（Human Intelligence，HUMINT），信号情报（Signals Intelligence，SIGINT），图像情报（Imagery Intelligence，IMINT），测量与特征情报（Measurement and Signatures Intelligence，MASINT），开源情报（Open-Source Intelligence，OSINT）。（见表3-3）

表3-3　情报来源分类①

情报来源	主要内容
人工情报	人工情报是从人工来源收集的信息。收集工作可以公开进行，如联邦调查局特工人员会见证人或嫌疑人，也可以通过秘密手段（间谍活动）进行。美国境内的人工情报收集由联邦调查局负责，境外则由中情局负责。
信号情报	信号情报是指可由船舶、飞机、地面站或卫星收集的电子传输信号。通信情报（Communications Intelligence，COMINT）是信号情报的一种，指的是截获双方之间的通信。收集信号情报活动主要由美国国家安全局负责。
图像情报	图像情报也可称为照片情报。最早的图像情报收集源自士兵乘坐热气球收集附近信息。如今的图像情报主要由侦察机、卫星等收集。地理空间情报（Geospatial Intelligence，GEOINT）是图像情报的一种，通过整合图像、图像情报和地理空间信息，对地球上的安全相关活动进行分析和可视化呈现。
测量与特征情报	测量与特征情报是一个相对鲜为人知的来源，针对军事能力和工业活动展开。主要收集方式是通过从高空或机载的数据收集系统对数据进行收集和处理。该情报包含遥测情报（Telemetry Intelligence，TELINT）、电子情报（Electronic Intelligence，ELINT）则等细分类别。
开源情报	开源情报来自于广泛而普遍的信息来源，包括从媒体（报纸、广播、电视等）获得的信息、专业和学术文献（论文、会议、专业协会的出版物等），以及公开的公共部门数据（政府报告、人口统计、听证会、演讲等）。

① Intelligence Studies：Types of Intelligence Collection，US Naval War College，https://usnwc.libguides.com/c.php？g＝494120&p＝3381426，最后登录时间：2022年2月7日。

（二）剧情分析

自 1990 年代开始进行反美恐怖主义活动以来，本·拉登及其领导的基地组织一直是美国政府追踪的对象。"9·11 事件"更是令其成为美国十大全球通缉犯之一。然而，2001 年 12 月，美国在以捉拿本·拉登为目的而对阿富汗塔利班政权发起的多拉波拉战役（Battle of Tora Bora）以后，便失去了本·拉登的下落。之后的五年，美国中情局投入了大量的财力、技术和人力追踪本·拉登，将其列为第一号高价值目标，悬赏 2 500 万美金。其在阿富汗与巴基斯坦的反恐中心人员规模从 340 人剧增到 1 500 人。然而，中情局始终未能追查到本·拉登的踪迹。随着不断有基地组织高层人物落网，中情局发现这些高层人物也不知道本·拉登的下落，但是却能收到本·拉登的行动指示。情报分析人员于是转而追查本·拉登是如何与外界沟通联络的。美国情报界尝试了各种办法，还是收效甚微，以至于布什政府在 2006 年甚至不得不开始在官方话语中刻意降低本·拉登之于美国反恐战争的重要性。同年，中情局发起的"炮弹行动"（Operation Cannonball）使得对于本·拉登的追踪开始出现转机。该行动旨在向巴基斯坦派遣大量专案情报员，用向一线大量堆积人力的方法追查本·拉登的下落。[①]

电影《猎杀本·拉登》的故事即在上述背景下展开。玛雅于 1999 年受命追踪本·拉登，2003 年奉调常驻中情局在伊斯兰堡的情报站，直接在一线追查本·拉登的下落。因为本·拉登自身和美国政府对本·拉登的追捕在全球的高知名度，电影省略了情报过程中的识别需求与情报规划阶段，重点刻画了之后的情报收集、情报处理和情报分析与产出阶段。

玛雅及上司丹对阿玛尔的前期审讯属于人工情报收集。两人的

---

① Dahl, Erik J., "Finding Bin Laden: Lessons for a New American Way of Intelligence," *Political Science Quarterly*, June 2014, pp. 183—184.

审讯手段是中情局臭名昭著的强化刑讯手段,包括立正抓领、控头技术、水刑、压力姿势、裸体羞辱、盒子禁闭、剥夺睡眠。在长期高负荷的强化审讯下,阿玛尔的精神状态已经恍惚,但仍旧坚决不吐露任何有意义的信息。玛雅偶然想到可以利用阿玛尔当前的恍惚状态和其与外界长期隔绝导致的信息差,对阿玛尔进行诱骗。阿玛尔的确吐露出了一个令玛雅感觉值得追查的陌生名字,即阿布·艾哈迈德。此后,玛雅和丹在对其余落网恐怖分子的审讯中,也采用了人工情报的方法,搜集到了更多关于阿布·艾哈迈德的信息,基本确认了其存在的真实性和担任本·拉登个人信使的可能性。

玛雅随即转而追踪阿布·艾哈迈德的下落。她通过美国情报界的国家安全局,利用信号情报的方法,通过常驻科威特的阿布·艾哈迈德的母亲与其本人的多次通话,基本确认了阿布·艾哈迈德作为基地组织特殊人员的身份,并且基本确定了其活动范围在巴基斯坦的部落地区——阿伯塔巴德。阿布·艾哈迈德的行踪暴露后,玛雅等人通过锁定其在当地较为少见的白色 SUV 车型追查到了阿伯塔巴德的一处大型水泥建筑堡垒。

随后,美国情报界通过无人机和卫星,以及测量与特征情报、电子情报中的地理空间情报的手段,对该堡垒进行全天候的实时监控。期间,中情局也通过种种伪装,安排地面人员接近。一系列的情报手段得出,该堡垒没有网络或电话信号连接,墙高 12 英尺(约 3.66 米),多数窗户均被遮挡住,生活垃圾均在堡垒院落中集中焚烧。(见图 3-4)考虑到阿布·艾哈迈德时常驾车数英里之外打电话或上网,中情局得出结论,堡垒内应有高价值目标存在。这一情报成果最终被玛雅等人汇报给了中情局局长里昂·帕内塔,并获得了反馈:"我想要知道这个堡垒中正在发生着什么。"

帕内塔的反馈标志着一个情报周期的结束,同时也明确给出了下一个情报周期的目标和需求。玛雅等人得以获得授权进一步进行情报规划和追查。中情局在堡垒附近设置了观察哨,同时卫星和无人侦

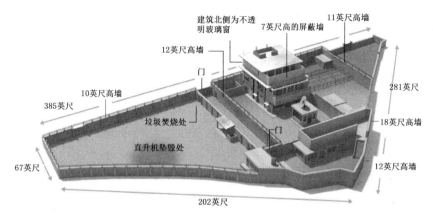

图 3-4　中情局追查到的阿伯塔巴德的大型水泥建筑堡垒的构造示意图①

察机也仍在监控。中情局通过晾在院子里的衣服和出现在院落里穆斯林妇女的数量，判断堡垒中住着三户人家，但有一户人家的男性没有参与堡垒中的日常事务，且很少在院落里露面。中情局判定该神秘男子为高价值目标。然而，中情局多次尝试，包括设计虚假的疫苗注射活动、收集堡垒中的人类排泄物等，均未能成功获得堡垒中神秘男子的 DNA 信息。

最终，中情局对所有情报进行再次分析后，得出该神秘男子为本·拉登的概率为 40%～60%。即便如此，时任美国总统在未知会巴基斯坦政府的情况下，不惜违反国际法，下令美国海军特种作战研究大队突袭该堡垒。② 行动最终成功确认击毙本·拉登，宣告美国反恐战争取得重大阶段性成果。

---

① "How Osama Bin Laden Was Located and Killed," *New York Times*, https://archive. nytimes. com/www. nytimes. com/interactive/2011/05/02/world/asia/abbottabad-map-of-where-osama-bin-laden-was-killed. html? action = click&module = RelatedCoverage &pgtype = Article&region = Footer, 最后登录时间：2022 年 2 月 7 日。

② Keith Cozine, "Teaching the Intelligence Process: The Killing of Bin Laden as a Case Study", *Journal of Strategic Security* (*Supplement*: *Ninth Annual IAFIE Conference*: *Expanding the Frontiers of Intelligence Education*), 6(2), 2013, pp. 82—86.

五、关键要点

（一）对《猎杀本·拉登》的剧情和背景知识要有全面的了解。

（二）对外交战略评估和情报分析的理论知识要有全面牢固的掌握。

（三）将《猎杀本·拉登》讲述的故事与相应的理论知识结合起来，进行全面分析。

（四）根据对本案例的分析，探讨其现实意义。

六、建议课堂计划

（一）课前计划

1. 请学生在课前完整观看电影《猎杀本·拉登》，并通过查阅相关资料对影片有一个完整的认识和评价。

2. 阅读情报分析等战略评估领域的相关材料，对《猎杀本·拉登》中涉及情报分析等战略评估的知识有较全面的掌握。

3. 在班级学生中组织案例研究制作团队，每个团队根据需要选定数名同学进行影像案例展示准备。

（二）课中计划

1. 任课教师介绍课堂计划与安排，不多赘述，简单引出电影《猎杀本·拉登》。（5分钟）

2. 请案例研究制作团队进行影像案例展示。（20分钟）

3. 请同学们根据在每个团队影像案例展示过程中产生的疑问进行简单讨论和提问，相关团队人员代表予以精简回答。（10分钟）

4. 任课教师针对每个团队的影像案例展示内容，对团队成员和在座同学进行引导式提问。被提问团队和在座同学经过小组讨论后，请代表解答。（25分钟）

5. 任课教师对每个团队的影像案例展示成果进行评论，对相关问题的讨论进行总结，并提出改进建议。（10分钟）

6. 结合影像案例,任课教师进行相关外交决策理论知识的讲授。
(15 分钟)

(三) 课后计划

1. 要求影像案例展示团队根据老师在课堂上的总结、评价和改进建议,修改完善影像资料。

2. 要求未制作影像案例资料的同学根据影像案例展示的内容和讲授的相关情报分析和战略评估的知识,结合当今国际关系热点,进行影像案例制作,并结合相关资料,着眼案例背后的真实事件,分析原因。

3. 任课教师要求全体同学阅读参考文献中列出的相关资料。

七、参考文献

1. 唐世平、王凯主编:《历史中的战略行为：一个战略思维教程》,北京大学出版社,2015。

2. Brent Lang, Government communicated with "Zero Dark Thirty" Makers, *Chicago Tribune*, August 29, 2012, https://www.chicagotribune.com/entertainment/ct-xpm-2012-08-29-sns-rt-us-zerodarkthirty-ciabre87s1et-20120829-story.html,最后登录时间：2022 年 2 月 7 日。

3. Dahl, Erik J., "Finding Bin Laden: Lessons for a New American Way of Intelligence," *Political Science Quarterly*, June 2014.

4. "How Osama Bin Laden Was Located and Killed," *New York Times*, https://archive.nytimes.com/www.nytimes.com/interactive/2011/05/02/world/asia/abbottabad-map-of-where-osama-bin-laden-was-killed.html? action = click&module = RelatedCoverage&pgtype＝Article&region＝Footer,最后登录时间：2022 年 2 月 7 日。

5. Intelligence Studies: Types of Intelligence Collection, US Naval War College, https://usnwc. libguides. com/c. php? g = 494120&p=3381426,最后登录时间: 2022 年 2 月 7 日。

6. Keith Cozine, "Teaching the Intelligence Process: The Killing of Bin Laden as a Case Study", *Journal of Strategic Security* (*Supplement: Ninth Annual IAFIE Conference: Expanding the Frontiers of Intelligence Education*), 6(2), 2013.

7. United States Department of Defense, Joint Publication 1-02, Department of Defense Dictionary of Military and Associated Terms, November 2021.

8. United States Joint Chief of Staff, Joint Publication 2-0, Joint Intelligence, October 22, 2013.

4

《危机 13 小时》：
美国外交安保危机决策的
压力测试

郝　楠*

摘　要： 本案例选取电影《危机 13 小时》为研究对象。该电影主要讲述了在利比亚卡扎菲政权倒台后的混乱状态中，美国驻班加西领事馆与中情局特别任务驻地意外遭遇恐怖分子袭击，酿成出差到此的美国驻利比亚大使身亡、两处外交设施遭袭、美国外交情报人员紧急撤出的重大外交事故。本案例主要体现了战略决策阶段外交安保方面的理论知识。目的在于通过对影片内容的分析，运用外交安保相关的理论知识解释影片对应的故事内容，加强学生对战略决策和外交安保理论的理解。本案例适用于国家安全、外交政策、国际政治等课程和相关专业的案例教学，适用对象可为对应课程或专业的本科生、硕士研究生，亦可帮助一般观众加深对电影《危机 13 小时》的了解。

关键词： 外交安保；班加西事件；私营安保公司；利比亚内战

＊　郝楠，男，新加坡国立大学李光耀公共政策学院公共政策硕士。

案 例 正 文

一、影片概述

（一）创作背景

2011—2012 年，利比亚内战期间，美国与利比亚反政府势力密切接触，推动卡扎菲政权倒台。内战中，大量武器流入民间，利比亚局势动荡不安，安全状况直线下降。2012 年 9 月 11 日，美国驻利比亚第二大城市班加西的领事馆门前爆发反美示威，随后迅速升级成暴力活动，并波及领事馆一英里外的中情局特殊任务驻地，即"班加西事件"。该事件造成美国驻利比亚大使身亡、两处外交设施受损报废、美国外交情报人员紧急撤出，对美国各界冲击巨大。

2014 年 9 月，美国波士顿大学新闻学教授米切尔·扎科夫基于当事人回忆出版了纪实作品《13 小时：班加西的真实内幕》（*13 Hours: The Inside Account of What Really Happened in Benghazi*）。2014 年 2 月，该书甫一出版，派拉蒙影业便取得其电影改编权。2014 年 10 月 29 日，迈克尔·贝被选为本片导演。迈克尔·贝曾执导《勇闯夺命岛》《珍珠港》《逃出克隆岛》，以及《变形金刚》五部曲等多部卖座电影，是好莱坞成熟的商业片导演。

（二）基本信息

《危机 13 小时》（*13 Hours: The Secret Soldiers of Benghazi*）是一部于 2016 年上映的美国传记动作战争电影，由迈克尔·贝执导，查克·霍根编剧，改编自米切尔·扎科夫于 2014 年出版的书籍《13 小时：班加西的真实内幕》，集结了詹姆斯·贝吉·戴尔、约翰·卡拉辛斯基、马克斯·马丁尼、托比·史蒂芬、帕布罗·施莱伯、大卫·丹曼、多米尼克·福穆萨和佛瑞迪·史卓玛等人主演。电影于 2015 年 4 月 27 日在马耳他开拍。派拉蒙影业定于 2016 年 1 月 15 日在美国上映。

（三）获奖情况

该片并未获得电影评论界的赞誉，仅入围第 89 届奥斯卡金像奖最佳混音奖。不过，由于 4 位提名人中的 1 位违反提名规则，该项提名也被取消。

该片的市场反映也并不理想。该片以 5 000 万美元的成本，仅获得 6 940 万美元的全球票房。

美国电影界评论称，该电影虽然是一部扎实的纪实动作电影，但全片叙事相对克制，没有呈现特别出彩的人物，也没有太多渲染爱国主义情节的桥段。然而，这也使得该影片相对少了意识形态干扰，成为一部学习外交战略的生动影像素材。

（四）影片梗概

2012 年 9 月 11 日，在利比亚班加西的美国领事馆前发生一起反美示威事件。入夜后，数十名武装分子冲进领事馆与附近的中情局特殊任务驻地，示威演变为暴力冲突，最终导致包括美国驻利比亚大使克里斯托弗·史蒂文斯在内的四人死亡、两处外交设施受损报废、美国外交情报人员紧急撤出班加西。

（五）人物关系

如表 4-1 所示。

表 4-1　人物关系表

美国驻利比亚大使馆（的黎波里）	
克里斯托弗·史蒂文斯	美国驻利比亚大使，从利比亚首都的黎波里到班加西出差
斯考特	美国国务院外交安全局安保人员，随行保护大使
戴夫	美国国务院外交安全局安保人员，随行保护大使
埃里克	美国国务院外交安全局安保人员，随行保护大使

(续表)

美国驻利比亚大使馆(的黎波里)	
布伯	的黎波里全球反应人员小队队长,前海豹特种部队队员,应班加西小队求救,千里驰援班加西
美国中情局驻班加西特殊任务驻地(班加西)	
鲍勃	驻地站长
索娜	中情局特工,卧底于班加西
布里特	中情局特工,卧底于班加西
罗恩	班加西全球反应人员小队队长,前海豹特种部队队员
杰克	"全球反应人员"队员,前海豹特种部队队员
奥兹	"全球反应人员"队员,前海军陆战队队员
提格	"全球反应人员"队员,前海军陆战队队员
坦托	"全球反应人员"队员,前美国陆军游骑兵
布恩	"全球反应人员"队员,前海军陆战队狙击手
班加西当地警卫	
"2月17日烈士旅"	利比亚东部地区规模最大、装备最精良的本土武装组织,受美国政府雇佣,提供安保警卫服务

二、剧情介绍

如图 4-1 所示。

(一) 大使到访,暴露安全漏洞

2012 年,利比亚的班加西被列为世界上最危险的地方之一。由于担心受到武装分子的袭击,一些国家将其外交机构撤出。美国也撤出了在班加西的大多驻点设施,仅留有一个临时的领事馆和距领事馆约一英里的一处中情局特殊任务驻地。驻地由一队私人安保公司的安保人员提供安保服务,称为"全球反应人员"(Global Response Staff,

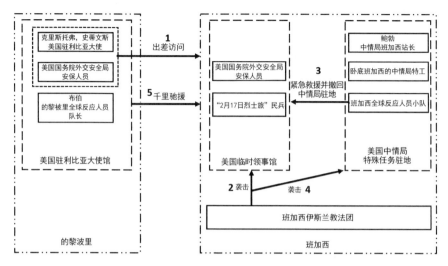

图 4-1　简明剧情脉络图

GRS）。杰克是该小队的最新成员，也是小队队长罗恩的私人朋友，由罗恩从美国国内选任而来。杰克甫一抵达便感受到班加西的混乱与紧张气氛。在罗恩将杰克介绍给队友和中情局驻地站长鲍勃之际，鲍勃反复严令小队不要与当地民众过多接触，避免和当地武装分子发生冲突，不要暴露中情局的存在，只要保护好中情局的这些名校毕业的优秀情报人员顺利执行任务即可。

美国驻利比亚大使即将从首都的黎波里来访班加西，开展公共外交活动，访问中情局特殊任务驻地，并下榻临时领事馆。班加西的"全球反应人员"小队受命在大使抵达前对临时领事馆作安全评估。他们发现临时领事馆仅有少量外交安保局特工与当地"2 月 17 日烈士旅"（February 17th Martyrs Brigade）民兵把守，武器装备和安全设施也明显不足。小队警告称，临时领事馆的安全措施太过简陋，当地动荡的局势很有可能会使临时领事馆遭遇突然袭击。

美国驻班加西大使克里斯托弗·史蒂文斯抵达班加西，其个人安保非常有限，仅有五名国务院外交安保局特工（主要是斯考特和戴夫),以及当地雇佣的"2月17日烈士旅"民兵警卫。"9·11事件"11周年的早晨,克里斯托弗注意到可疑男子正在拍摄临时领事馆内的照片,他将此事通知了安保人员。

(二)有备而来,恐怖分子突然袭击临时领事馆

当天晚上,一群恐怖分子袭击了临时领事馆。负责馆外警卫的"2月17日烈士旅"士兵一触即溃,四散奔逃,使得恐怖分子轻易攻入馆内。斯考特引导克里斯托弗及一名信息技术人员躲入馆内设置的安全屋。恐怖分子难以攻入安全屋,便放火烧了大楼,希望把躲在安全屋内的人员逼出来。混乱中,斯考特与克里斯托弗及信息技术人员走散,先逃出火场。中情局特殊任务驻地中的"全球反应人员"小队密切关注临时领事馆的情况,数度提议前往救援。驻地站长均表示拒绝,担心小队前往救援会暴露执行秘密任务的中情局驻地。

小队最终还是顶住压力前往救援,与临时领事馆的外交安保局特工汇合。杰克与罗恩冒险进入火场,试图寻找与斯考特走散的克里斯托弗与信息技术人员,但仅找到信息技术人员的尸体。恐怖分子越来越多,临时领事馆内人员有被围歼之虞。外交安保局特工与"全球反应人员"小队先后向中情局驻地撤退。斯考特在驾车撤退之际,因走错方向而差点遭遇伏击。"全球反应人员"小队也在撤回途中遭遇恐怖分子沿途袭击。不过,最终两队人马均安全撤到中情局驻地。

(三)激战中情局驻地,勉力突出重围

撤回中情局驻地的人员判断恐怖分子的下一个目标必然是中情局驻地,于是紧急联络美国国务院总部、利比亚当地友军、利比亚附近地区的美军基地等,但只有的黎波里的"全球反应人员"布伯迅速行动。他组建了一个小队,包括两名三角洲特种部队成员。小队在几次延误后飞抵班加西。与此同时,中情局驻地内的情报人员正在紧张地销毁机密信息。"全球反应人员"小队多次击退恐怖分子袭击,力战不支之际,小队收到信息,增援即将赶到。

千里驰援的布伯小队抵达班加西中情局驻地。驻地内人员也开始向机场转移。此时,恐怖分子突然用迫击炮轰炸驻地。罗恩、布伯牺牲,奥兹左臂重伤,驻地岌岌可危。黎明之际,一行不明车队抵达驻地。驻地内人员在紧张之际得知,该车队是前来护送他们前往机场的。驻地内 28 名美国人连同 4 名身亡的美国人的尸体一并安全抵达机场撤离。

三、附录

（一）图书

1. Chastity A. Mill，*Diplomatic Security Abroad：Background and Selected Analyses*（Nova Science Pub Inc，2015）.

2. Christopher Kinsey，Eugenio Cusumano，*Diplomatic Security：A Comparative Analysis*（Stanford University Press，2019）.

3. Cody J. Perron，*Agents Unknown：True Stories of Life as a Special Agent in the Diplomatic Security Service*（CreateSpace Independent Publishing Platform，2018）.

4. Fred Burton，Samuel M. Katz，*Under Fire：The Untold Story of the Attack in Benghazi*（St. Martin's Publishing Group，2013）.

5. Mitchell Zuckoff，*13 Hours：The Inside Account of What Really Happened in Benghazi*（Twelve，2014）.

6. Randall Bennett，*Taking Up the Sword：A Story of a Special Agent in the Diplomatic Security Service*（Outskirts Press，2013）.

7. Teresa D. Boles，*Security of U. S. Diplomatic Facilities and Personnel Abroad：Background，Federal Initiatives，and Staff Training*（Novinka，2014）.

8. US Department of State，*The History of the Bureau of Diplomatic Security of the US Department of State*（CreateSpace Independent Publishing Platform，2011）.

案例使用说明

一、教学目的与用途

（一）本案例主要适用于国家安全、外交政策、国际关系等专业和相关课程的案例教学，适用对象为国家安全、外交政策与国际关系专业或课程的本科生、硕士研究生，以及对外交战略中的战略决策和外交安保相关知识感兴趣的学习者，也可用作对电影《危机 13 小时》感兴趣的学习者的阅读参考资料。

（二）本案例旨在通过对电影《危机 13 小时》内容的分析，总结影片中体现出的外交战略中战略决策和外交安保理论知识，然后运用这些理论知识具体解释影片中对应的典型情节，加深学习者对这些知识的认识、理解和实际运用。

二、启发思考题

（一）《危机 13 小时》讲述了什么内容？

（二）《危机 13 小时》如何通过描绘大使到访班加西和"全球反应小队"与外交安保局特工的遭遇展现美国外交安保工作？请试以外交安保的理论知识来解析剧情内容。

（三）美国素来是公认的第一军事强国，且多次公然违反国际法对外国进行直接军事干预，为什么《危机 13 小时》中，美国外交情报人员却孤立无援，付出惨重代价？请从外交决策角度评价此次外交安保行动是否成功。

（四）影片讲述了美国外交安保人员与恐怖分子英勇战斗，保全外交情报人员安然撤退的故事。为什么美国的外交情报人员会出现在班加西，当地武装分子为什么会攻击美国的外交设施？

（五）我国驻外外交设施如何从《危机 13 小时》中吸取外交安保方面的经验教训？

三、分析思路

本案例的研究是基于外交战略的战略决策、外交安保等理论知识，并结合电影《危机 13 小时》的内容展开。

在案例分析过程中，首先引导学生观看电影《危机 13 小时》并概括电影所主要讲述的故事情节，再提取出对应的真实事件，通过查阅资料总结该事件的产生、发展、结果及影响，让学生对影片讲述的内容和背景有全面和深刻的了解。

其次，要求学生从已经概括出的故事情节中，结合《历史中的战略行为：一个战略思维教程》、美国国会对"班加西事件"的追责报告，以及亲历者自述等资料，总结出相关理论知识。

最后，指导学生运用相关理论知识，解释影片中对应的典型事件，并探究实际运用外交安保等相关理论知识。

四、理论依据与分析

（一）理论依据

一般情况下，完整的战略大致可以分为四个阶段，即战略评估、战略决策、战略动员与战略执行。各个阶段的行为体与侧重点均不相同。战略决策阶段，领导人根据前一阶段的战略评估，确立一整套战略规划或战略政策，借以指导国家的战略行为。在决策过程中，决策者（集团）是处理信息的中心，担负着政策选择的重大责任，而国家的官僚体制只起辅助作用或从侧面施加影响。不过，国内不同部门和团体（例如外事部门、军方、利益集团、媒体、公众声音等）可以通过各种管道影响决策过程。①

危机决策作为战略决策的一种，是在国际形势处于危机状态下做

---

① 唐世平、王凯主编：《历史中的战略行为：一个战略思维教程》，北京大学出版社，2015，第 15 页。

出决策的过程。危机状态指的是"一系列迅速爆发的事件,这些事件使不稳定性对整个国际体系或任何一个子系统的影响都超过了正常水平,并增加了在系统内部发生暴力的可能性"①。此状态具备三个特征:(1)行为体之间在短时间内进行的恶性互动;(2)这种互动会造成的体系不稳定;(3)这种不稳定导致可能的暴力冲突。② 针对危机状态下的决策,迈克尔·布雷彻提出的三要素被普遍认可,即决策者感知到:(1)其基本价值受到严重威胁;(2)需要在有限的时间对此做出回应;(3)存在卷入军事冲突的可能性。③

目前,外交战略的决策模型主要有官僚政治模型与理性选择模型。前者主要关注官僚体系内部的部门竞争、评估过程、心理偏见等影响决策;后者则更多围绕决策者是理性人的假设,认为决策者基于理性选择做出决策。(见图4-2)

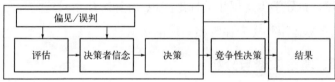

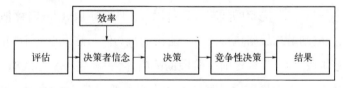

图4-2 官僚政治模型与理性选择模型④

---

① [美]詹姆斯·多尔蒂、[美]小罗伯特·普法尔茨格拉夫:《争论中的国际关系理论》,阎学通等译,世界知识出版社,2013,第621页。

② 韩召颖、赵倩:《国际危机中的领导人决策行为分析——基于多元启发理论视角》,《国际政治科学》2017年第2卷第4期,第3页。

③ 阎学通、杨原:《国际关系分析(第二版)》,北京大学出版社,2013,第183页。

④ Scott A. Helfstein, *Predispositions and Foreign Policy Surprises*: *Assessing the Impact of Rational and Biased Beliefs on Strategic Decision-Making*, PhD (Public Policy and Political Science) Dissertation (the University of Michigan, 2008), p. 13.

成功的战略决策需要充分、及时、准确的情报为支撑，以及领导人对于国内外大量信息的准确甄别和处理，对各方利益的综合考虑与平衡。成功的战略决策以有效及时的战略动员为前提和基础，失败的战略决策往往带来诸多直接或间接的损失，其中最为严重的后果之一便是直接的人员伤亡。

《1961 年维也纳外交关系公约》与《1963 年维也纳领事关系公约》是现代外交的纲领性公约，当今世界上几乎所有国家都签署了这两项公约。各国因此有义务互相履行保护驻本国的外国外交人员和设施的义务。[1] 不过，两份公约也明确提出，使馆与领事馆均只能以合法手段调查接受国国内的商业、经济、文化及科学活动之状况和发展情形，向派遣国政府具报，并向关心人士提供资料。[2] 因此，如果情报机构以外交身份和设施为掩护，则在法律意义上不应受到接受国保护。虽然接受国对于派遣国外交人员和设施的保护是第一位的，但在接受国处于混乱状态，接受国政府无法有效履行责任时，外交机构与人员的派出国往往不得不自己承担设施与人员的安保责任。

美国国务院针对外交安保有一套相对成熟的操作方案。国务院的机构设置层面有外交安保局，其最早可以追溯至一战早期。美国驻黎巴嫩大使馆爆炸案发生后，美国国务院于 1985 年正式成立外交安保局[3]，职责包括：在国外设立和运行安保岗位及安保职能；建

① Alex Tiersky, Susan B. Epstein, *Securing U. S. Diplomatic Facilities and Personnel Abroad: Background and Policy Issues* (United States Congressional Research Service, 2014), p. 3.

② 《1963 年维也纳领事关系公约》，联合国国际法委员会，https://www.un.org/zh/documents/treaty/files/ILC-1963.shtml，最后登录时间：2022 年 2 月 8 日。《1961 年维也纳外交关系公约》，联合国国际法委员会，https://www.un.org/chinese/law/ilc/foreign_relations.htm，最后登录时间：2022 年 2 月 8 日。

③ "History of the Bureau of Diplomatic Security of the US Department of State," Bureau of Diplomatic Security, United States Department of State, https://2009—2017.state.gov/m/ds/rls/rpt/c47602.htm，最后登录时间：2022 年 2 月 8 日。

立境外应急预案；在国外建立和运营本地警卫安保服务；管理美国海军陆战队向外交设施提供安保的方案；与美国境外的私营安全利益攸关方进行联络；制订和协调反恐规划、紧急行动的海外规划、威胁分析计划，履行与其他联邦机构的联络职能；制订和实施技术与物理安全方案，包括与安全相关的施工、无线电和人员通信、装甲车辆、计算机和通信安全，以及执行此类措施所需的研究项目。① 外交安保局也会向海外派出区域安全官，负责驻外外交设施和人员的安全。

美国国务院有一套风险管控与外交设施安全决策流程：海外建筑运营部门在全球数据库中跟踪监控各地外交设施，并以此为根据发布安全相关的决策信息；外交安保部门使用各派驻机构官员填写的安全相关调查问卷，评估和确定各海外派驻机构的安全威胁等级；外交安保部门通过跨机构小组为海外设施制定安全标准（见图 4-4），该标准根据每个岗位的威胁等级而有所不同；在安全标准的指导下，派驻机构的官员定期评估设施，以确定安全缺陷或漏洞；外交安保部门分析海外建筑运营部门的全球外交设施数据库及其所做出的威胁评估和脆弱性评估，从而对海外设施面临的风险进行再评估。外交安保部门再根据各设施面临的风险等级对设施进行排名，以帮助海外建筑运营管理部门优先考虑大使馆和领事馆的施工计划。② （见图 4-3）

---

① Alex Tiersky, Susan B. Epstein, *Securing U. S. Diplomatic Facilities and Personnel Abroad: Background and Policy Issues* (United States Congressional Research Service, 2014), p. 7.

② "Diplomatic Security: Overseas Facilities May Face Greater Risks Due to Gaps in Security-Related Activities, Standards, and Policies," U. S. Government Accountability Office, p. 12, https://www.gao.gov/products/gao-14-655, 最后登录时间：2022 年 2 月 8 日。

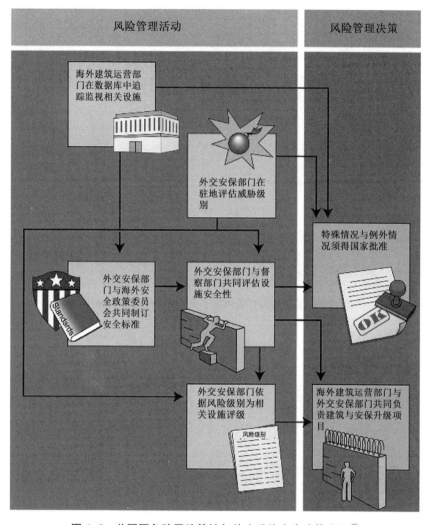

图 4-3　美国国务院风险管控与外交设施安全决策流程①

①　"Diplomatic Security: Overseas Facilities May Face Greater Risks Due to Gaps in Security-Related Activities, Standards, and Policies," U. S. Government Accountability Office, p. 11, https://www. gao. gov/products/gao-14-655, 最后登录时间: 2022 年 2 月 8 日。

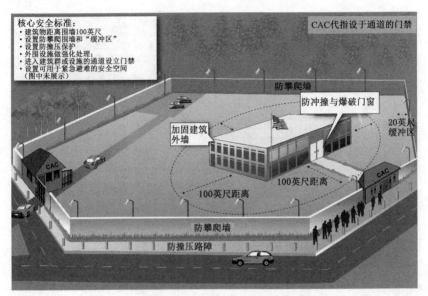

图 4-4　美国国务院针对驻外外交设施的安全标准①

　　针对驻外外交设施的物理安全,美国国务院也有一套标准:建筑物距离围墙 100 英尺(约 30.48 米);设置防攀爬围墙和"缓冲区";设置防撞压保护;外围设施做强化处理;在进入建筑群或设施的通道设立门禁;设置可用于紧急避难的安全空间。

(二)剧情分析

　　冷战后,美国作为唯一的超级大国,不断深度介入地区国家事务,使得美国的外交安保遭遇巨大挑战。(见图 4-5)海外外交设施与人员不断增加,相应的安保设备与人员也在不断增加,而经费拨款和内部机制建设则未能跟上现实的发展,针对美国海外外交设施与人员的攻击呈逐年上升趋势。电影中,"全球反应人员"受命前往班加西临时领

---

　　①　"Diplomatic Security: Overseas Facilities May Face Greater Risks Due to Gaps in Security-Related Activities, Standards, and Policies," U. S. Government Accountability Office, p. 15, https://www.gao.gov/products/gao-14-655,最后登录时间:2022 年 2 月 8 日。

事馆做安全评估时便明确警告，临时领事馆的安全人手、设备和设施均明显不能为即将到来的大使提供足够的安全保障。临时领事馆安保人员的回应则明确点出经费紧张和外交安保措施滞后的窘境。电影中，临时领事馆的外围设施并未做强化处理，恐怖分子轻易便突袭进入了馆内。馆内安全屋的屏障仅是一扇镂空的铁门。电影镜头显示安全屋甚至还有让外界可以看到室内的玻璃窗户。铁门内用于藏身躲避火灾和浓烟的卫生间的门也并未做密闭处理，这也直接导致藏身其内的美国驻利比亚大使克里斯托弗和一名信息技术人员死于吸入过量黑烟。即便两人并未死于过量吸入黑烟，黑烟对其造成的生命威胁也会迫使其逃出安全屋，从而陷入安全屋外恐怖分子的重重围困。

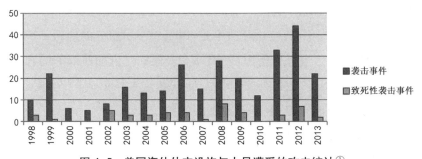

图 4-5　美国海外外交设施与人员遭受的攻击统计①

　　美国政府面对外交安保压力的对策之一便是将安保服务外包给私营安保公司。美国国防部也向国务院的驻外外交设施和人员提供有海军陆战队的安保服务，但是其人员规模较小，且仅限于保护机密信息和设施。美国国务院也一直对于海军陆战队队员难以从外交角度思考问题和执行任务颇有微词。因此，美国国务院逐步转向于发展

---

　　① Eugenio Cusumano,"Diplomatic Security for Hire: The Causes and Implications of Outsourcing Embassy Protection,"The Hague Journal of Diplomacy, Online Publication, 23 Dec. 2017, https://brill.com/view/journals/hjd/12/1/article-p27_2.xml? language=en,最后登录时间：2022 年 2 月 8 日。

自己的外交安保局,并在其领导下向私营安保公司购买外交安保服务。[1] 电影中的"全球反应人员"以及利比亚本地的"2月17日烈士旅"均是将外交安保外包给私营安保公司的产物。在电影的铺垫部分,我们可以清晰地看到中情局的专业外交情报人员如鲍勃、索娜、布里特多次指责"全球反应人员"干涉其开展外交情报工作,而"全球反应人员"则指责外交情报人员并不尊重和理解他们的安保专业素养,忽视了外界存在的紧迫的安全威胁。此外,电影虽然表现出了"全球反应人员"的英勇无畏,但也隐晦地指出"全球反应人员"项目的人员招募主要是相熟的退役老兵之间的私相授受,项目运作也并未表现出这些前海豹突击队队员、前海军陆战队队员、前美国陆军游骑兵、前海军陆战队狙击手针对外交安保的新环境和任务做过相应的适应性训练。"班加西事件"后,美国政府的调查报告显示,"全球反应人员"小队的确存在训练不足、应对经验不足,以及对于所服务的地区和机构的不了解。当然,报告也指出,美国外交安保局在班加西部署的官方外交安保人员不足,使得外交情报人员不得不基本依赖于"全球反应人员"小队和当地的"2月17日烈士旅"。[2]

美国国务院的危机决策也遭到了"班加西事件"后美国政府的调查报告的指责。在应对"班加西事件"时,美国国务院两大主管部门——外交安保局与近东事务司——出现了系统性失败与高级官员的管理疏忽。班加西的安保问题并未被两个主管司局视为共同责任,以至于事发时没有常规的沟通渠道可用。利比亚首都的黎波里的美国大使馆也没有向国务院总部及时预警班加西恶化的安全状况需要更多的安全配备。此外,克里斯托弗大使前往班加西的决定也并未明

① Eugenio Cusumano, Christopher Kinsey, "Bureaucratic Interests and the Outsourcing of Security: The Privatization of Diplomatic Protection in the United States and the United Kingdom," *Armed Forces & Society*, 41(4), 2015, pp.600—605.

② Accountability Review Board Report, United States Department of State, pp.4—5, https://2009—2017.state.gov/documents/organization/202446.pdf,最后登录时间:2022年2月8日。

确汇报给国务院总部,甚至的黎波里大使馆内的主管部门都没有完全掌握其行程。由于国务院高层沟通与负责机制的缺失,使得华盛顿、的黎波里和班加西三地的工作层沟通受到了严重限制,相当程度上酿成了"班加西事件"。[①] 调查报告指出的美国国务院官僚体制内部存在的问题,最终使得时任国务卿希拉里·克林顿不得不引咎承担责任。[②] 这一过程便是典型的官僚政治决策模型,展现了看似是一个整体的、训练有素的美国国务院内部存在的部门小团体和上下级之间的协调和竞争问题。

五、关键要点

(一)对《危机 13 小时》的剧情和背景知识要有全面的了解。

(二)对外交决策和外交安保的理论知识要有全面牢固的掌握。

(三)将《危机 13 小时》讲述的故事与相应的理论知识结合起来,进行全面分析。

(四)根据对本案例的分析,探讨其现实意义。

六、建议课堂计划

(一)课前计划

1. 请学生在课前完整观看电影《危机 13 小时》,并通过查阅相关资料对影片有一个完整的认识和评价。

2. 阅读外交决策和外交安保相关材料,对影片中涉及的外交决策和外交安保知识有较全面的掌握。

3. 在班级学生中组织案例研究制作团队,每个团队根据需要选

---

① Accountability Review Board Report,United States Department of State,pp. 5—6,https://2009—2017. state. gov/documents/organization/202446. pdf,最后登录时间:2022 年 2 月 8 日。

② Hillary Clinton "Took Responsibility" After Benghazi Attack,BBC,https://www.bbc. com. world-us-canada-34611653,最后登录时间:2022 年 2 月 8 日。

定数名同学进行影像案例展示准备。

（二）课中计划

1. 任课教师介绍课堂计划与安排，不多赘述，简单引出电影《危机 13 小时》。（5 分钟）

2. 请案例研究制作团队进行影像案例展示。（20 分钟）

3. 请同学们根据在每个团队影像案例展示过程中产生的疑问进行简单讨论和提问，相关团队人员代表予以精简回答。（10 分钟）

4. 任课教师针对每个团队的影像案例展示内容，对团队成员和在座同学进行引导式提问。被提问团队和在座同学经过小组讨论后，请代表解答。（25 分钟）

5. 任课教师对每个团队的影像案例展示成果进行评论，对相关问题的讨论进行总结，并提出改进建议。（10 分钟）

6. 结合影像案例，任课教师进行相关外交决策理论知识的讲授。（15 分钟）

（三）课后计划

1. 要求影像案例展示团队根据教师在课堂上的总结、评价和改进建议，修改完善影像资料。

2. 要求没有制作影像案例资料的同学根据影像案例展示的内容和讲授的外交决策和外交安保知识，结合当今国际关系热点，进行影像案例制作，并结合相关资料，着眼案例背后的真实事件，分析原因。

3. 任课教师要求全体同学阅读参考文献中列出的相关资料。

七、参考文献

1. 唐世平、王凯主编：《历史中的战略行为：一个战略思维教程》，北京大学出版社，2015。

2. 阎学通、杨原：《国际关系分析（第二版）》，北京大学出版社，2013。

3. ［美］詹姆斯·多尔蒂、［美］小罗伯特·普法尔茨格拉夫：《争论中的国际关系理论》，阎学通等译，世界知识出版社，2013。

4. 韩召颖、赵倩：《国际危机中的领导人决策行为分析——基于多元启发理论视角》，《国际政治科学》2017 年第 4 期。

5. Alex Tiersky，Susan B. Epstein，*Securing U. S. Diplomatic Facilities and Personnel Abroad：Background and Policy Issues*（United States Congressional Research Service，2014）.

6. Country Reports on Terrorism 2017 — Foreign Terrorist Organizations：Ansar al-Shari'a in Benghazi，United Nations Refugee Agency（UNHCR），https：//www. refworld. org/docid/5bcf1f54a. html，最后登录时间：2022 年 2 月 8 日。

7. Eugenio Cusumano，"Diplomatic Security for Hire：The Causes and Implications of Outsourcing Embassy Protection，" The Hague Journal of Diplomacy，Online Publication，23 Dec 2017.

8. Eugenio Cusumano，Christopher Kinsey，"Bureaucratic Interests and the Outsourcing of Security：The Privatization of Diplomatic Protection in the United States and the United Kingdom，" *Armed Forces & Society*，41(4)，2015.

9. Scott A. Helfstein，*Predispositions and Foreign Policy Surprises：Assessing the Impact of Rational and Biased Beliefs on Strategic Decision-Making*，PhD（Public Policy and Political Science）Dissertation（the University of Michigan，2008）.

❺

《我的 1919》：
巴黎和会外交失败的
抗争、无奈与怒火

孙 晨*

摘 要：本案例以电影《我的1919》为研究对象，影片主要讲述了1919年第一次世界大战结束后，在列强意欲重新划分势力范围的大环境下，中国作为战胜国之一，却拒绝在《凡尔赛和约》上签字的故事。该案例主要利用外交政策分析的路径与模式理论，分析中国代表团做出拒绝签字的外交决策原因。旨在通过对影片内容的分析，运用理论知识解释影片中对应的情节，从而加深对相关理论的认知、理解及应用。本案例主要适用于外交学、国际政治本科及硕士研究生进行外交决策理论、国际战略等研究学习。

关键词：巴黎和会；五四运动；外交政策分析路径；决策认知心理

　＊ 孙晨，男，华中师范大学政治与国际关系学院。本研究得到中国国家留学基金国际区域问题及外语高层次人才培养项目国别与区域研究人才渠道资助(CSC202306770019)。

案 例 正 文

一、影像概述

(一) 创作背景

《我的1919》一片主要围绕第一次世界大战后的巴黎和会展开。1918年11月11日,第一次世界大战结束,为解决战争遗留问题和奠定和平基础,各国准备召开巴黎和会。1919年1月,中国作为战胜国之一,派出了由北京政府和广州军政府官员联合组成的代表团参加和会,主要成员有北京政府外交总长陆征祥、驻美公使顾维钧、驻英公使施肇基、驻比公使魏宸组及广州军政府外交次长王正廷等。会上,中国代表向会议提出,取消列强在华特权、取消中日"二十一条"不平等条约、归还德国在山东占有的各项权利等要求。但会议被英、美、法等国所操纵,无视中国的合理要求,和会最后签订《凡尔赛和约》。影片即改编于此。

(二) 基本信息

如表5-1所示。

表5-1 剧情简介

影像名称	我的1919
外文名称	My 1919
类型	剧情/历史/传记
片长	100分钟
首映	1999年9月16日
导演	黄健中
主要演员	陈道明、许晴、修宗迪、何政军、萨拉·格莱宾、杰拉德·蒂里翁、露西·杜克恩、小野地清悦、岛岗现

（续表）

第20届中国电影金鸡奖	最佳故事片（提名） 最佳男主角 最佳美术（提名）
第7届北京大学生电影节	评委特别奖

（三）人物关系

如图5-1所示。

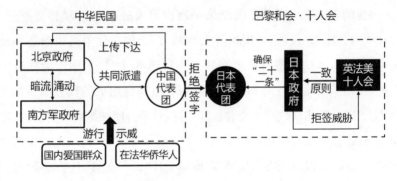

图5-1　人物关系图

二、剧情介绍

（一）影像再现

1918年11月11日，历时四年的第一次世界大战结束，被战火蹂躏的欧洲尚未恢复元气，旨在解决战争遗留问题和奠定和平基础的巴黎和会准备召开。中国作为战胜国之一，派出了时任驻美公使、全权代表顾维钧等五人组成的代表团参加和会。

中国虽然是战胜国，但在和会上却处处受到歧视，野心勃勃的日本政府更企图继承德国在胶东半岛的特权。和会上，顾维钧慷慨陈词，从历史、人文等诸多方面阐明，中国必须收回山东的严正立场：中国不能失去山东，就像西方不能失去耶路撒冷一样。由此获得全世界一致称赞，但这也在中国代表团中激发了更加难以弥合的间隙。

巴黎和会最终拒绝了中国的要求,决定由日本继承德国在胶东半岛的特权。国内由此爆发了声势浩大的五四运动,肖克俭等人也在巴黎集会抗议。顾维钧和中国代表团多方斡旋,试图扭转和会决定,均遭失败。而软弱的北洋政府竟然逼迫代表团在和约上签字。代表团团长陆征祥等人左右为难之下只好出走,仅剩顾维钧和王正廷两人仍在坚持外交斡旋。顾维钧在寻找更好的外交斗争途径时,被肖克俭领导的华工、留学生、华侨误以为软弱而殴打。法国姑娘让娜鸣枪救出顾维钧。肖克俭眼见帝国主义列强重新瓜分中国的现状,愤然给爱妻留下遗书,在凡尔赛宫广场举火自焚。1919 年 6 月 28 日,顾维钧作为中国参加巴黎和会的全权代表出席签字仪式后,在世界人民的面前拒绝了在《凡尔赛和约》上签字。

（二）剧情梳理

如图 5-2 所示。

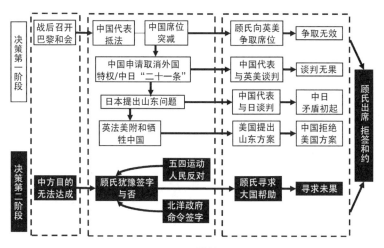

图 5-2　剧情梳理图

三、附录

（一）纪录片

1.《档案・巴黎和会上的外交官》,2014。

2.《民国世家兴衰简史·顾维钧：民国第一外交官，传奇人生传奇姻缘》，2021。

（二）电影

1.《最好的意图：巴黎和会与凡尔赛条约》(*The Best Intentions：The Paris Peace Conference and the Treaty of Versailles*)，2007。

2.《巴黎1919：和平条约》(*Paris 1919：Un traité pour la paix*)，2009。

3.《东京审判》(*The Tokyo Trial*)，2006。

4.《纽伦堡审判》(*Nuremberg*)，2000。

案例使用说明

一、教学目的与用途

（一）本案例旨在通过对影片内容的分析，基于外交决策的路径与模式展开，解释影片中对应的典型事件，使学习者对上述知识有全面牢固的掌握，加深其对相关理论的认识、理解和运用。

（二）本案例主要适用于外交学、国际政治课程的案例教学，适用对象为外交学、国际政治专业本科生、硕士研究生，也可为对影片《我的 1919》感兴趣的学习者阅读参考。

二、启发思考题

（一）影片《我的 1919》主要讲述了什么故事？
（二）该片中的故事情节体现了哪些外交决策理论知识？
（三）怎样运用外交决策理论知识具体解释影片中对应的典型事件？

三、分析思路

本案例通过外交政策分析的四种路径与九种模式分类，特别是其中的体系中心路径、民族国家中心路径、社会中心路径及认知心理模式等内容，并结合影片《我的 1919》的故事内容以及"巴黎和会"这一真实历史事件展开。

首先，引导学生观看影片《我的 1919》，概括影片主要讲述的故事情节，再提取出相应的历史事件，通过查阅资料总结这些历史事件的产生、发展、结果及影响，让学生对影片讲述的内容和背景有清楚了解。

其次,要求学生从已经概括出的故事情节中,结合外交战略的相关教材,运用外交政策分析的路径与模式理论,总结出决策机制。

最后,引导学生运用决策者认知心理因素理论,解释影片中对应的典型事件。

四、理论依据与分析

(一)理论依据:外交政策分析的路径与模式

国际政治现实主义大师肯尼迪·沃尔兹提出层次分析法,分别从个人、国家结构、国际体系结构三个层次看待国际关系。在此基础上,总结外交政策分析的特征、价值,并从社会科学研究的四种分析模式出发,对现有的外交政策分析文献进行分类归纳,得出外交政策分析存在四种路径,即体系中心路径、民族国家中心路径、国家中心或政府决策路径和社会中心路径;同时结合解释与理解两种分析传统,总结出外交政策分析的九种模式(见表5-2)[①]。本文在分析影像时,将基于外交政策分析的四种路径和九种模式,特别是体系中心路径展开。

表5-2 外交政策分析的四种路径与九种模式

方法论＼认识论	解释	理解
体系中心路径	物资结构约束模式	观念结构建构模式
民族国家路径	战略或理性选择模式	政治文化模式
国家中心或政府决策路径	官僚政治模式	认知心理模式
社会中心路径	多元主义模式 社会集团模式	公共舆论模式

资料来源:李志永《外交政策分析的路径与模式》,载《外交评论》2011年第6期。

---

① 李志永:《外交政策分析的路径与模式》,《外交评论》2011年第6期,第90—110页。

（二）影像分析

1. 中国抗争与顾氏雄辩：民族国家中心路径

主权国家是国际关系行为体中最早出现也是最为重要的行为体，将民族国家作为外交政策决策的研究对象，主要强调国家利益对国家行为的影响。具体来看，这一路径分为两种模式，即战略或理性选择模式和政治文化模式，本部分将主要利用战略或理性选择模式对中国抗争与顾氏雄辩进行分析。国际政治现实主义流派认为，在国际社会的丛林中，若主权国家不主动去争取更大利益，就会停滞不前甚至会倒退，抑或是受到他国侵犯。国家的最大功用和最终目的是对外获取本国的最大利益，对内获得本国统治的稳定，而国家为此实施的一切手段达到的目标，是判断国家好坏的标准。因此，民族国家中心路径是某种程度上的国内环境建构主义，它强调民族国家为了争取利益而影响国家行为即外交决策。简而言之，战略或理性选择模式认为，国家会基于本国的外交战略的需要，并根据现实情况，在外交决策上做出理性或者接近理性的判断。

在和会有关山东问题的第一次讨论中，顾维钧首先从事实角度展开，表示日本在全世界面前偷了整个山东省！三千六百万山东省人民、四万万中国人民该不该愤怒！日本的行为算不算是盗窃、无耻、极端的无耻！随后从道统角度阐述山东是中国文化的摇篮，中国的圣人孔子和孟子就诞生在这片土地上，孔子犹如西方的耶稣，中国不能失去山东，就像西方不能失去耶路撒冷。最终从国际法角度陈述相关依据，表示中国代表团深信会议在讨论中国山东省问题时，会考虑到中国基本合法权益，即主权和领土完整，否则亚洲将有无数灵魂哭泣，世界也不会得到安宁。通过事实、道统、国际法三个层次证明山东必须属于中国也必然属于中国的观点。

外交决策必然是基于国家核心利益关切，维护国家正当利益；而国家在外交决策上做出理性或者接近理性的判断。顾维钧的阐述，通过事实、道统、国际法三个层次，有理有利有节地向世人展示了我国对山东的主权。

2. 中方无奈与十人会出卖中国利益：体系中心路径

体系中心路径主要强调国际体系影响国家行为。具体而言，这一路径分为物质结构约束模式与观念结构建构模式，本部分将主要利用物质结构约束模式对中方无奈与十人会出卖中国利益行为进行分析。国际体系无政府状态的排列原则是不变的，而单元功能具有同一性，因而影响国家行为的变量仅是单元间能力的分布，进一步而言就是大国权势的分布。国家在国际权力结构中的相对位置决定了国家的外交政策行为。简而言之，物质结构约束模式认为，国际社会无政府状态这一客观存在的物质结构会影响到作为国际社会行为体的各个国家的行为。

（1）十人会的妥协与出卖中国利益

巴黎和会十人会上，意大利因声明对地中海地区的领土权利这一谋求地中海区域霸权的野心遭受到英、法、美三国抵制后，宣布退出和会。随后日本代表团在最高会议上发出警告，如若山东问题不按照日本要求处理，日本将不在和约上签字。英法代表被迫同意，美国威尔逊总统在反复权衡美国在亚太地区的利益后，也接受日本主张。国家在国际权力结构中的相对位置决定了国家的外交政策行为。在国际体系的无政府状态下，各国都会最大限度地争取本国利益。大国之间会因为诉求利益重叠而出现矛盾。为了化解矛盾，妥协便成为了一门艺术。因此，在日本声明对山东的利益诉求后，威尔逊在反复权衡同日本正面冲突会造成的损失后，选择放弃中国，以保护美国在亚太地区的利益。

（2）陆征祥同顾维钧拜访三巨头

最高会议同意日本方案后，1919年4月22日，中国代表团接到通知称，美国总统威尔逊、法国总理克里孟梭和英国首相劳合·乔治约见，中国代表团陆征祥和顾维钧一同到威尔逊总统的寓所参加会见。① 在此

---

① 天津编译中心编：《顾维钧回忆录缩编》，中华书局，1997，第77页。

次会见中,威尔逊总统宣读了最高委员会修改后的日本方案,并让中国在日本方案与美国方案中进行选择。陆征祥和顾维钧回应表示,日本占领富有战略意义的中国沿海省份之后,必将得寸进尺,上述所谓最佳方案只能为日本实现建立东亚帝国、排斥西方国家利益打开方便之门。如果在外交谈判过程中一味示弱,避免冲突并寻求妥协,可能会助长对方的气焰,从而损失更大利益。因此,中国代表团提醒西方国家不要一味对日妥协,出卖中国利益的决策虽然在短期内看似维护了西方在亚太地区的利益,但长远来看很有可能给亚太地区种下战争的种子。

3. 中国人民的怒火与拒绝签字：社会中心路径

在国家和个人之间的广阔领域便是由各种相对独立而存在的组织或团体构成的市民社会。社会中心路径则认为,领导人最关心问题是如何保持国内政治支持的高水平,为获得高支持率就必须拉拢市民社会中的各种利益集团,并迎合其需要。因此,决策者也会基于能否提高自身政治支持率来进行外交决策,从而使得国内存在的各种利益集团会对外交决策产生影响。具体来看,这一路径分为多元主义模式、社会集团模式和公共舆论模式,本部分将主要利用公共舆论模式对中国人民的怒火与拒绝签字行为进行分析。公共舆论模式有三项基本假定：第一,民意具有稳定性;第二,民意具有结构性和一贯性;第三,民意并不是无效的,公共舆论能够发挥潜在的制约作用。[①] 因此,不仅市民社会的各种政治组织或利益集团可以左右国家外交政策,而且作为民意的公共舆论也可以影响外交决策。

（1）旅欧旅法爱国青年的斗争

巴黎和会召开不久便有中国留学生计划刺杀法国总理克里孟梭,以此宣泄中国人对此次和会的不满态度,但未能实行;顾维钧的好友

---

① 李志永：《外交政策分析的路径与模式》,《外交评论》2011 年第 6 期,第 90—110 页。

肖克俭在法国与顾维钧见面时,也频频抨击北京国民政府软弱的外交态度;顾维钧在前期交涉失败后,准备寻找更好的外交斗争途径以争取中国在山东问题上的权益时,被肖克俭领导的华工、留学生、华侨误以为软弱而殴打;和会召开期间,在巴黎的中国学生频频举行集会,抗议西方国家出卖中国,纵容日本;在《凡尔赛和约》签署前夜,愤怒的肖克俭选择在法国凡尔赛宫广场外自焚以改变现状。市民社会中的各种团体会通过各种渠道的斗争向决策者传递信息以表明态度,间接地对外交决策过程产生影响。在法华人无法深入中国代表团核心决策团体,导致信息不对等及沟通不畅等问题,最终使得留法群体对北京国民政府软弱的外交态度从极其不满进而转变为大规模示威、集会活动,并将希望寄托于"过激"行为,以求得决策高层关注。

(2)五四运动爆发与拒绝签字

巴黎和会上中国外交失利的消息传回国内后,引发了国内更大规模的抗议示威游行,即以青年学生为主,广大群众、市民、工商人士等阶层共同参与的,通过示威游行、请愿、罢工、暴力对抗政府等多种形式进行的五四爱国运动。面对强大的社会舆论压力,与"二十一条"密切相关的责任人曹汝霖、陆宗舆、章宗祥相继被免职,总统徐世昌提出辞职。1919年6月24日始,北京国民政府接连电告中国代表团,因国内局势紧张,人民要求拒签,政府压力极大,签字一事请陆征祥总长自行决定。在巴黎的中国各组织团体代表,每日前往中国代表团总部进行请愿活动,要求代表团明确保证拒绝签字,并且威胁代表团若签字,他们将不择手段加以制止。受制于国内外的混乱局面,中国代表团在从未收到北京方面关于拒签的明确指示情况下,自行决定在和约上拒绝签字。[1]

公众不能直接参与外交决策,只能对外交决策施加间接影响,但公众支持率则是政治家极为关心的问题,因此公众舆论又会对决策起

---

① 天津编译中心编:《顾维钧回忆录缩编》,中华书局,1997,第83—88页。

到重要影响，特别是对某些极为突出的外交问题。[①] 五四运动爆发后，国内各省积极响应、各界人士爱国情绪高涨，北京政府若一意孤行选择签字，可能会导致国内出现更大动荡。因此，北京国民政府及和会中国代表团在面对人民群众的怒火时，为保证公众支持和平息国内矛盾，选择了在外交决策中倾听公众舆论，最终决策拒绝签字。

4. 顾维钧的拒签决策心理：认知心理模式

认知心理模式集中探讨决策者本身因素以及外界压力因素对决策者的外交决策的影响，即决策者的主客观因素对其决策所产生的影响。外交政策的决策主体无疑是主权国家，但主权国家本身并不能思考、学习与表示偏好，只有代表主权国家的决策者才能做出上述行为。由于决策过程本身是决策者主观感知加工客观事实的过程，因此，作为决策者的个人在决策中一方面会受到各种战略环境因素的客观影响，另一方面也会受到自身心理因素的影响。从此意义上而言，探讨外交决策，在探讨客观的战略环境要素的同时，也需要探讨主观的决策心理要素，在心理学中有着"认知"这一专门术语对其进行描述。[②]

具体而言，可将认知简单区分为知觉与错误知觉，其是指人在受到刺激后进行选择、组织和判断自己接收的信息的过程。[③] 决策者对刺激因素的反应是基于他对刺激因素的知觉，而不是基于客观真实的刺激因素本身。如果决策者对接收到的信息做出了错误的判断，即产生了错误知觉，其决策和行为就会随之偏离实际，从而导致与其本意不一致的事物发展结果。错误知觉对于外交决策的影响在于，即使国际社会的任何一方没有改变现状或损害对方利益的企图，但是由于决策者对形势和对方意图做出了错误的判断，夸大了对方敌意，他们因

———————

① 毕云红：《外交决策及其影响因素》，《世界经济与政治》2002 年第 1 期，第 15 页。

② 薛文军、彭宗超：《西方危机决策理论研究与启示——基于技术、制度与认知的视角》，《国家行政学院学报》2014 年第 6 期，第 111—115 页。

③ ［美］罗伯特·杰维斯：《国际政治中的知觉与错误知觉》，秦亚青等译，上海人民出版社，2015。

此会采取过分的行为。如果双方均是如此,敌意螺旋就会不断上升,冲突会偏离双方初衷而爆发。此外,美国学者艾利森还提出理性人模型,认为决策者在决策过程中,会在众多的信息中进行选择使用,这让其只能得到一个"不完整的信息"。在此基础上,决策者通常不会试图去追求"最优"的结果,而是去寻找一个自己能力范围内的、可接受的结果。[①]

（1）顾维钧的美国情结因素

中国加入协约国一方参加一战多半是美国怂恿的,这与美国和日本争夺中国的大背景有关。当第一次世界大战将要结束的时候,中国国内要求停止内战,实现和平的呼声逐步高涨起来,美国认为,必须利用中国人民的反战情绪来打击日本的势力。富有戏剧性的是,与美国相反,中国的死对头日本竭力地阻挠中国参战。和会上,美日两国仍暗暗较劲。对于日本独占中国山东的企图,美国则在暗帮中国;对于日本操纵会议,把中国排除在和会讨论山东问题之外的企图,美国予以抵制,坚持要求中国参加讨论,中国得以陈述自己收回主权的理由。除此之外,顾维钧为中国驻美公使,深得威尔逊总统的赏识,因此他在会前对本次会议寄予厚望,欲收回中国丧失的一些权益。但最终威尔逊总统出于对美国自身利益的考虑,出卖了中国,将德国在山东的权益悉数交给了日本,令顾维钧大为失望,为之后顾氏拒签和约埋下了伏笔。

（2）五四运动与顾维钧的认知转变

不可否认,五四运动是由于巴黎和会的外交失败而引发的,广大人民共同参与(包括国内学生、工人、农民、国外留学生等)抗议,对拒签成功发挥了各自的作用。面对巴黎和会上列强出卖中国的屈辱局面,广大学生纷纷罢课,组织演讲、宣传,随后,工人队伍也给予了支

① 〔美〕格雷厄姆·艾利森、〔美〕菲利普·泽利科:《决策的本质——还原古巴导弹危机的真相》,王伟光、王云萍译,商务印书馆,2015。

持。这场疾风暴雨使顾维钧认识到，若在和约上签字，自己将成为千古罪人；若不签，国民将为之一振。在这种情况下，最终做出的拒签决定便不难理解。（见图 5-3）

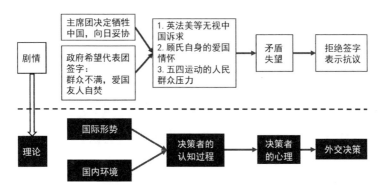

图 5-3　决策者认知心理分析图

五、关键要点

（一）对电影《我的 1919》的剧情和背景知识要有清晰、全面的了解和梳理。

（二）全面掌握外交政策分析的路径与模型分类，并能将电影《我的 1919》中的情节与对应的理论知识联系起来。

（三）运用外交政策分析的路径与模型理论与决策者认知心理因素来解释电影中的各外交政策。

六、建议课堂计划

（一）课前计划

1. 请学生在课前完整观看电影《我的 1919》，并通过查阅相关资料对影片有一个完整的认识与评价。

2. 阅读外交战略、外交决策相关书籍，对影片中涉及的外交政策分析路径与模型理论知识有较为全面的掌握。

3. 在班级学生中组织案例研究制作团队,每个团队根据需要选定数名同学进行影像案例研读。

（二）课中计划

1. 任课教师介绍课堂计划与安排,简单引出电影《我的 1919》。（5 分钟）

2. 请案例研究团队进行影像案例分析展示。（20 分钟）

3. 请同学们根据在各个团队影像案例展示过程中产生的疑问进行简单讨论和提问,相关团队人员代表予以精简回答。（10 分钟）

4. 任课教师针对每个团队的影像案例展示内容,对团队成员和在座同学进行引导式提问。被提问团队和在座同学经过小组讨论后,请代表解答。（25 分钟）

5. 任课教师对每个团队的影像案例展示成果进行点评,对相关问题的讨论结果进行总结,并提出改进建议。（10 分钟）。

6. 结合影像案例,任课教师进行相关理论知识讲授。（15 分钟）

（三）课后计划

1. 要求影像案例展示团队根据教师在课堂上的总结、评价和改进建议,修改完善影像案例。

2. 要求未参与影像案例研究的同学依据课堂影像案例展示的内容和讲授的相关外交战略、外交决策知识,并结合当今国际关系热点,进行影像案例制作。

3. 任课教师要求全体同学阅读参考文献中列出的相关资料。

七、参考文献

1. 唐世平、王凯主编:《历史中的战略行为:一个战略思维教程》,北京大学出版社,2015。

2. 天津编译中心编:《顾维钧回忆录(第二卷)》,中华书局,1985。

3. 余英时:《五四新论》,联经出版事业公司,1999。

4. 张鸣:《北洋裂变:军阀与五四》,东方出版社,2016。

5. ［美］罗伯特·杰维斯：《国际政治中的知觉与错误知觉》，秦亚青等译，上海人民出版社，2015。

6. ［美］格雷厄姆·艾利森、［美］菲利普·泽利科：《决策的本质——还原古巴导弹危机的真相》，王伟光、王云萍译，商务印书馆，2015。

7. 黄尊严：《巴黎和会中国代表团活动若干问题评析》，《历史教学》2004 年第 1 期。

8. 金光耀：《顾维钧与中国外交国际学术讨论会综述》，《历史研究》2000 年第 6 期。

9. 李淑娟、杨晓梅：《略论顾维钧在巴黎和会拒签对德和约中的作用》，《北方论丛》1998 年第 2 期。

10. 薛文军、彭宗超：《西方危机决策理论研究与启示——基于技术、制度与认知的视角》，《国家行政学院学报》2014 年第 6 期。

11. 左希迎、唐世平：《理解战略行为：一个初步的分析框架》，《中国社会科学》2012 年第 11 期。

12. 李志永：《外交政策分析的路径与模式》，《外交评论》2011 年第 6 期。

13. Dockrill，Michael，John Fisher，*The Paris Peace Conference*，1919：*Peace Without Victory？*（Springer，2001）.

14. MacMillan，Margaret，*Peacemakers：The Paris Peace Conference of 1919 and Its Attempt to End War*，（London：John Murray，2001）.

15. Lammers，Donald，"Colonel House in Paris：A Study of American Policy at The Paris Peace Conference 1919，" *The Canadian Historical Review*，56(2)，1975.

6

《战前 37 天》：
欧洲大国战争决策的
混沌、秩序与精英

孙　晨[*]

摘　要：本案例以《战前 37 天》为研究对象，其主要讲述了 1914 年第一次世界大战爆发前 37 天各主要参战国，特别是三国同盟与三国协约两大军事集团围绕"萨拉热窝事件"展开的较量，通过战争爆发前各国政要往来与人物细节的独特视角，展现一战最终爆发的人为因素，利用英国学派的国际社会理论、均势与国际秩序理论及政治家与治国方略理论，分析各主要参战国政要做出战争决策的成因。旨在通过对影片内容的分析，运用理论知识解释影片中对应的情节，从而加深对相关理论的认识、理解及应用。本案例主要适用于外交学、国际政治专业的本科及硕士研究生进行决策理论、国际战略等研究学习。

关键词：第一次世界大战；英国学派；国际社会；国际秩序；均势

---

　　* 孙晨，男，华中师范大学政治与国际关系学院。本研究得到中国国家留学基金国际区域问题及外语高层次人才培养项目国别与区域研究人才渠道资助（CSC202306770019）。

案 例 正 文

一、影像概述

（一）创作背景

《战前 37 天》（*37 Days*）根据一战真实事件改编。2014 年是一战爆发 100 周年，BBC 推出了多个纪念节目。其中《战前 37 天》是一部英国电视连续剧，主要讲述了战争爆发前 37 天的政治博弈。本片于 2014 年 3 月 6 日至 2014 年 3 月 8 日在 BBC 首次播出。这三集电视剧覆盖从第一次世界大战前，1914 年 6 月 28 日奥地利的弗朗茨·斐迪南大公遇刺到 8 月 4 日德国对英国宣战的 37 天。这部迷你剧在北爱尔兰拍摄，这个系列的推出是为了推翻一战不可避免的假说，即萨拉热窝刺杀事件使得一战不可避免的假说。在编写剧本之前，编剧和制作人汇编了一本 175 页的书籍，追踪罗列了事件相关的每一次会谈、每一通电话、每一封私人信件及电报。

（二）基本信息

如表 6-1 所示。

表 6-1　《战前 37 天》基本信息

影像名称	战前 37 天
外文名称	37 Days：*The Road to World I*
类型	战争/历史
集数	3
首播	2014 年 3 月 6 日（BBC 2）
导演	贾斯汀·哈迪

编剧	马克·海赫斯特
主要演员	伊恩·麦克迪阿米德、西妮德·库萨克、蒂姆·皮戈特·史密斯、比尔·帕特森、肯尼思·克兰汉姆、詹姆斯·麦卡德尔等

（三）人物关系

如表6-2所示。

表6-2　人物关系图

国别	角色	身份	主要行为
英国	爱德华·格雷爵士	外交大臣	重视信誉在外交中的作用,试图通过外交斡旋避免大规模战争的爆发
	艾尔·克劳爵士	外交部助理次长	明晰德国侵略本质,力图英国发挥关键实质作用
	埃里克	外交部二级文员	协助分管巴尔干半岛事务,开战后参军
法国	保罗·康邦	法国驻英大使	利用英国威慑德国,同时促使英国履行同盟义务
俄罗斯	贝肯多夫伯爵	俄国驻英大使	为俄国争取英国支持,为对奥宣战积极奔走
塞尔维亚	普林西普	行凶者	塞尔维亚民族主义者,深信恐怖行动能将奥匈帝国从巴尔干半岛赶出
德意志帝国	威廉二世	德国皇帝	对弑君行为深恶痛绝,极力鼓动奥匈帝国发动战争
	贝特曼·霍尔维格	德国宰相	对德皇忠心耿耿,服从的同时力图避免对法战争爆发
	冯·毛奇	德军总参谋长	为德军参战寻找借口,致力于扩大战争,对法俄宣战
	李赫诺夫斯基亲王	德国驻英大使	通过与格雷的私交,防止英国做出过激反应
奥匈帝国	弗兰茨·约瑟夫	奥匈帝国皇帝	年迈的奥匈帝国皇帝,在外交上听从德国
	门思多夫伯爵	奥匈帝国驻英大使	试探奥对塞开战后的英国立场

二、剧情介绍

如图 6-1 所示。

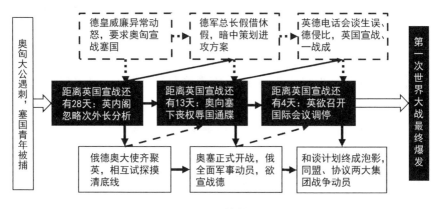

图 6-1　剧情梳理图

（一）开端：奥匈大公圣悼遇刺，德皇威廉欲战塞国

1914 年 6 月 28 日，欧洲大陆一片祥和，距离英国宣布参加一战还有 37 天。英国外交部分管巴尔干半岛的二级文员艾里克收到了奥匈帝国皇储弗朗茨·斐迪南大公在访问波斯尼亚萨拉热窝时遇刺身亡的电报。外交部助理次长艾尔·克劳爵士指出，当天是塞尔维亚的圣悼日，随后英国外交大臣爱德华·格雷爵士得知消息，并将这一情况在晚宴上告知了首相。当晚，确认行凶者是塞尔维亚无政府主义的狂热分子加夫里洛·普林西普。

这起刺杀事件，不仅震惊了萨拉热窝，更震惊了柏林。因为奥匈帝国不仅是德国的盟国，斐迪南更是德皇威廉的挚友。德皇威廉二世十分愤怒，发誓要让凶手血债血偿，同时要求奥匈帝国对塞尔维亚采取快速有力的军事打击行动，但大臣们都担心俄国的干预。会后，德皇召见德国驻英大使李赫诺夫斯基亲王，让其打探英国反应。两天后，德皇对塞尔维亚的交战主张被委婉地转达给了驻柏林的奥匈帝国大使。虽然这个照会即将是一张"空头支票"，但这也表示了德国选择支持奥匈帝国,明确要求奥匈帝国向塞尔维亚开战,但年迈的奥匈帝国皇帝忙于应付其他事务,未采取任何行动,巴尔干半岛重新归于平静。

李赫诺夫斯基亲王参见英国大臣格雷爵士时试探,如果奥匈帝国对塞尔维亚采取行动,英国是否会采取行动。格雷表示俄国必然会支援塞尔维亚,一旦俄国出手,那么法国也将跟随俄国,英国也有可能会跟法国共进退。但格雷告诉亲王,刺杀事件能否平息,很大程度上取决于奥匈帝国能否保持平衡,同时,塞尔维亚也不能把事情闹到俄国出手干预的地步。

距英国参战还有 28 天,正在度假的德军总参谋长毛奇,野心勃勃地谋划着改写巴尔干半岛的均势局面。毛奇想利用俄国对奥匈帝国拖延处理萨拉热窝事件表现出的焦躁,趁机对俄、法宣战。

(二)发展:俄德奥大使齐聚英,奥通牒、塞方丧权辱国

距英国参战还有 20 天,德皇因奥匈帝国迟迟未向塞尔维亚开战下达最后通牒,要求奥务必在一周内对贝尔格莱德发起攻击,否则将失去德国的支持。终于,在萨拉热窝刺杀事件过去整整三周后,奥匈帝国向塞尔维亚发出最后通牒。这份最后通牒极具羞辱意味,因为塞尔维亚一旦接受就意味着丧权辱国。

英国外交大臣爱德华爵士与德国驻英大使李赫诺夫斯基亲王、俄国驻英大使贝肯多夫伯爵以及奥匈帝国驻英大使门思多夫伯爵分别进行会谈。奥匈帝国试探性询问如果爆发冲突,英国处于奥塞之间,会持何种立场。爱德华爵士则表示,会尽量让他们两国自己解决而不牵涉到其他国家,一旦俄国被牵涉进来,英国也会受牵连。俄国大使表示俄国被奥匈帝国的行为激怒了,俄国有义务保护塞尔维亚的主权安全,希望英国作为盟友支持俄国。而爱德华爵士表示英国为了一个微不足道的国家牺牲不值得,并且希望俄国可以不介入奥塞两国之间。爱德华爵士在与德国大使的会谈中希望利益国之间能协商解决。

德军总参谋长毛奇正计划让这场巴尔干半岛的局部冲突演变成

一场波及整个欧洲的国际危机。原本德皇试图速战速决以保证俄国不会干涉，但毛奇通过推延事态让俄国焦虑，达成对俄宣战的目的。

7 月 22 日，距英国参战还有 13 天，塞尔维亚丧权辱国地答应了奥匈帝国全部的无理条款，然而奥匈帝国依然对塞尔维亚发动战争。各国为之震惊，爱德华·格雷爵士打算在伦敦举行一次圆桌和平会议，邀请没有利害关系的各国大使出席此次会议，并且以英国海军舰队待命为威胁，要求德国务必参会。

德国首相让下属告诉亲王，他们认可这个提议；其实德国并未准备参加和谈，只是为能有 48 小时左右的时间来甩开英国。7 月 28 日，距离英国参战还有 8 天，由于德国首相隐瞒，度假的德皇对过去两周发生的事情毫不知情，奥匈帝国于 26 日才决定调动军队，但俄国已变得焦躁，很大可能介入奥塞两国争端，英国海军也已进入高度警戒状态。

（三）高潮：俄德全面军事动员，伦敦和谈终成空谈

在奥匈帝国拒绝了塞尔维亚回复之后的几天，沙皇已经下令调动一个军区在奥匈帝国的南部地区迎战。外交次长克劳向爱德华爵士建议，现在能阻止奥匈帝国的最好方法就是支持盟友俄国，让奥匈帝国感到威胁，然而爱德华表示，当前最重要的是打断各国相互较劲的势头。

俄国大使表示，必须支持塞尔维亚，否则俄国会爆发革命，俄英两国一旦起了争执，那么处于两国之间的欧洲大陆就会被德国统治。并且大使表示，英国只能坚定和俄国的盟友关系，这样才能使奥匈帝国和德国放弃挑起战争。在柏林，德皇也被俄国的调兵行动震惊了。但毛奇却十分兴奋，暗中准备对俄法宣战。距英国参战还有 6 天，爱德华爵士再次召见亲王，警告亲王德国应该把重心放在和会上，如果法国作为俄国盟友牵涉进来，英国不会坐视不管。随后，亲王给德国政府发了电报："英国严阵以待，调停必将成功"，作为提醒。

德皇威廉在接到亲王发回的消息后，与沙皇尼古拉二世进行了一

番虚情假意的书信对话。但当晚,俄国全军动员,起用了所有后备役部队,这意味着法国有被牵涉进战争的危险。毛奇也给维也纳发去了内容为进入全军临战状态,不要惧怕俄国的电报。

距英国参战还有5天时,爱德华爵士会见法国大使保罗·康邦,表示如果法国跟着俄国涉足巴尔干战争,英国很难跟随法国。此时的德国议会对俄国的总动员十分恐慌,毛奇将军仍然表示,应该向对他们可能有威胁的人率先发起攻击,先下手为强,打一场对法对俄的双线战。

(四) 结局:俄法德奥不可调和,英国宣战、一战终成

距离英国参战还有4天,在英国内阁会议期间,爱德华爵士与德国大使通了电话,但在沟通上出现了误会,李赫诺夫斯基亲王误认为英、法已经决定不干涉俄、德间的战争,并将此和平方案传回德国国内。德皇立即命令毛奇将派往法国的部队向东撤退,全部用于攻打俄国。与此同时,爱德华表示,英国与奥俄争端没有利益相关,保留英国出兵权利。法国大使认为爱德华跟亲王通话是出卖法国的表现。

8月1日,距英国参战还有3天。英王向德皇解释了在沟通中所出现的误解,德皇得知后异常愤怒,召见了毛奇将军,并告知他,可以按自己的想法做。法国大使要求英国履行曾经由爱德华爵士与法国签署的一份非正式协定中对法国的海防义务,否则法国会让德国海军进入英吉利海峡,在爱德华的努力下,内阁最终同意。

8月2日晚8时,德国驻比利时大使向比利时宣布:由于法国对德国存在侵略行为,故要求比利时政府允许德国军队自由通行。8月4日,德军入侵比利时,同时对法国宣战。比利时誓死保卫主权完整,并向比利时中立守护国发出呼吁。英国内阁方面,首相大卫·劳合·乔治最终改变观点,同意参战,一小时后,英国起草了对德国的最后通牒,要求德国所有军队在午夜前撤出比利时,否则英国将对德宣战。

距离英国对德宣战还有4小时,德军依然入侵比利时,以横跨进攻法国。午夜,大本钟敲响了钟声,英国对德宣战,第一次世界大战

爆发。

三、附录

（一）纪录片

1. 《启示录：第一次世界大战》，2014。

2. 《他们已不再变老》（*They Shall Not Grow Old*），2018。

（二）电影

1. 《萨拉热窝事件》（*Sarajevo*），2014。

2. 《1917：逆战救兵》（*1917：Times Is The Enemy*），2019。

3. 《西线无战事》（*All Quiet on the Western Front*），1930。

案例使用说明

一、教学目的与用途

（一）本案例的教学目的在于通过对影片内容的分析和英国学派相关理论介绍，运用国际社会、国际秩序及政治家与治国方略等知识解释影片中对应的典型事件，使学习者对上述知识有全面牢固的掌握，加深对相关理论的认识、理解和运用。

（二）本案例主要适用于外交学、国际政治课程的案例教学，适用对象为外交学、国际政治专业本科生、硕士研究生，也可用作《战前 37 天》的阅读参考资料。

二、启发思考题

（一）影视剧《战前 37 天》主要讲述了哪些故事情节？

（二）该影视剧中的故事情节体现了哪些英国学派的相关理论知识？

（三）怎样运用政治家影响治国方略的因素，具体解释剧中对应的典型事件？

三、分析思路

本案例以英国学派相关理论为框架，运用国际社会与国际秩序理论、政治家与治国方略理论分析群体战争决策的影响因素，并结合影视剧《战前 37 天》的故事内容以及"第一次世界大战"这一真实历史背景展开。

首先，引导学生观看影视剧《战前 37 天》，概括剧中主要讲述的故事情节,再提取出相应的历史背景,通过查阅资料总结这些历史背景的产生、发展、结果及影响,让学生对影片讲述的内容和背景有清楚的了解。

其次,要求学生从已经概括出的故事情节中,结合英国学派的相关教材,运用国际社会、国际秩序及政治家与治国方略等理论探寻出群体战争决策的影响因素。

最后,引导学生运用政治家与治国方略理论,解释影片中对应的典型事件。

四、理论依据与分析

在本部分,笔者将运用英国学派国际社会、均势与国际秩序及政治家与治国方略理论,对《战前 37 天》中的德国战争决策、英国欧洲秩序调停及欧洲主要大国政治家的行为进行分析。

(一)德国战争决策分析

1. 剧情回顾

1914 年 6 月 28 日,奥匈帝国斐迪南大公在萨拉热窝遇刺身亡,行凶者为塞尔维亚青年普林西普。此举让本来就被称为"欧洲火药桶"的巴尔干半岛局势更加紧张,无政府状态下的欧洲国际社会可谓箭在弦上。事发后,德皇当即要求盟国奥匈帝国发动巴尔干战争,进攻塞尔维亚以表愤怒。德皇要求此次战争应当干净利落,趁自称"塞尔维亚保护国"的沙皇俄国未反应过来时结束行动,并让李赫诺夫斯基亲王打探英国底线。

2. 理论依据:无政府国际社会机制理论

赫德利·布尔将国际社会描述为一个由独立国家构成的世界秩序——即国际社会是无政府状态的。[1] 他认为,这些国家彼此分享着

---

① [英]赫德利·布尔:《无政府社会:世界政治秩序研究》,张小明译,世界知识出版社,2003,第 32—42 页。

共同的利益和价值,并在它们的相互关系中遵从一系列共同的规则和制度。"无政府社会"这一概念,既接纳了现实主义关于在主权国家基础上没有统治世界的"政府"的主张,又沿用了理想主义对国家体系中存在着共同的关切、价值、规则、制度和组织的强调。

布尔指出,当两个或多个国家之间具有足够固定的联系,而且能够在相当程度上影响对方的决策,这种互动的程度已经可以使得一方的行动成为对方所必须考虑的因素,从此就形成了一个国际体系。这种国家间的互动可以是直接的,比如当两个国家互为邻国时而交往,或者为同一个目标而互相竞争,或共同从事某项活动;而间接的互动则是其行动的后果都与第三方有关,或者其行动作为一个整体对体系有所影响。

国际社会的内涵包括,一组国家意识到它们之间存在着一些共同利益和共同价值,在它们之间有一系列共同规则对其相互关系进行约束,并且分享共同机制的运作所带来的利益,这些共同机制包括国际法、外交制度、普遍的国际组织以及战争规则等。国际社会是在国际体系之后形成的,但国际体系的存在不一定决定国际社会的存在,一些国家之间也许有足够的互动,达到了形成一个国际体系的条件,但它们之间不一定有共同利益和共同价值,或没有共同规则对其行为进行约束,因而不能形成国际社会。也就是说,有国际体系不一定有国际社会,但有国际社会必定有国际体系。

国际社会的秩序及其维持,是布尔最关心的一个问题。他指出,秩序不仅仅是世界政治中的一个现实的或可能的状态或状况,它一般还被视为一种价值。这种状态或价值的维持,依靠均势、国际法、外交、战争和大国控制等五大机制。通过分析这些共同机制,布尔充分展现了其国际社会理论的性质和特征。① 国际社会学派的重要观点

---

① 郭观桥:《国际社会及其机理——赫德利·布尔的国际关系思想》,《欧洲研究》2005 年第 4 期,第 19—33 页。

就是促进与维持国际秩序,维持国家间秩序并防止任何强大国家失去控制并制造灾难的责任属于大国。同时,国际社会学派认为,从国际社会的角度看,战争具有双重性。一方面,战争是国际社会无序状况的表现,国际社会自身破裂的威胁促成一种所有人反对所有人的纯粹敌对或战争状态。因此,国际社会关注限制和遏制战争,把战争限定在国际社会自己所制定的规则的范围之内。另一方面,战争是国际社会利用来实现目标的一个手段。具体来说,从国际社会的角度来看,战争是执行国际法、维持均势以及促进人们对普遍认为正当的国际法进行变更之手段。[①]

3. 案例分析

德国作为奥匈帝国的盟国,对斐迪南大公遇刺的挑衅行为无比愤怒,发誓要让塞尔维亚血债血偿,并且多次示意奥匈帝国对塞尔维亚采取快速的军事打击。但同时德国又频繁通过德国驻英大使李赫诺夫斯基亲王打探英国底线,欲摸清英国对此事件的态度,同时也想打探奥匈帝国出兵后,英国会做出何种反应,是否会履行与俄国、法国的同盟条约等问题。

德皇威廉二世想要的是一次快速的局部军事行动,以进行所谓对塞尔维亚的教训,此举必将打破原有的欧洲国际秩序,违背国际法的相关原则。因此,作为日不落帝国的英国,是德国无法绕开的一环。欧洲各国的和平是通过欧洲各国共同利益和共同价值以及一系列共同规则对相互关系的约束来保障的,德国在意英、法、俄等国的态度表明,德国政府实质上十分明确欧洲各国的和平是各国共同利益所形成的国际社会使然,当其中一方破坏局面,将受到国际社会中的其他行为主体(国家)的关注。

除此之外,在德皇最终决定穿过比利时对法作战前,对英国、普鲁

---

① ［英］赫德利·布尔:《无政府社会:世界政治秩序研究》,张小明译,世界知识出版社,2003,第 150 页。

士、奥地利、法国等国于 1839 年所签署的《伦敦条约》之核心内容：比利时保持永远的中立地位，并暗示当有入侵发生时，条约的签署方须保护比利时的中立地位。[①] 德皇思索再三，最终在毛奇的鼓动下决定撕毁该条约，从比利时进入法国发动战争。此举说明，在以保持比利时中立与独立为核心的《伦敦条约》下的欧洲，各大国间有着共同规则对其相互关系进行约束，并且分享共同机制的运作所带来的利益，这些共同机制包括国际法、外交制度等。德皇清楚，跨过比利时入侵法国将不得不撕毁此条约，使得欧洲国际社会秩序遭到破坏，从而也导致其他条约签署国加入战争，并逐渐演变成为世界大战。此为国际社会运行之基本规律。

（二）英国欧洲秩序调停决策分析

1. 剧情回顾

在萨拉热窝事件还未发酵的阶段，英国在德国、奥匈帝国、法国以及俄国之间扮演调停者的角色，希望能和平解决争端，维持现有的秩序。直到最后才转变态度选择参战，加入协约国作战以对抗德国侵犯比利时主权的行为，保护比利时的独立与中立。

2. 理论依据：国际秩序与均势理论

在赫伯特·巴特菲尔德所阐述的"永远有效的原则和规则"或"处理对外政策的成熟智慧"中，最重要的一项是均势原则。[②] 针对第一次世界大战后新外交对均势的排斥，他指出，如果均势在 18 世纪是有用的话，那么它在 20 世纪同样有用，因为均势原理与国家政权的性质根本就是无关的。巴特菲尔德在对均势观念和政策的历史进行梳理后指出，均势之所以发挥作用，在于它使国家以更加开明的眼界来看待其自身的利益，即为了长远利益而限制短期目标。他在这里所说的

---

① Treaty of London(1839)，Article VII，https://scottmanning.com/content/treaty-of-london-1839/，最后登录时间：2022 年 2 月 7 日。

② Herbert Butterfield，"The Balance of Power，" *Diplomatic Investigations*，ed. H. Butterfield，M. Wight and I. Hall (Massachusetts：Harvard University Press，1966) p.140.

长远利益，是指近代国际体系的整体利益或国际体系的稳定。

巴特菲尔德认为，均势具有实践和道德两方面的裨益。在实践上，各主要国家根据相互制衡的原则防止一国坐大，抵抗侵略，抑制霸权，并根据补偿原则对现状做出和平的调整，从而在整体上维持秩序和稳定。均势原则教导各国政治家们，认定一个敌人或者盯着某个国家，可能会帮另一个国家的大忙，推动后者走上侵略扩张道路，而实际上可能有好几个潜在的威胁，因此，要保持外交政策的灵活性。在道德上，均势保全了小国的存在。更重要的是，在巴特菲尔德看来，均势原则限制了各国的野心，促使它们为了长远目标而进行合作，进行有限战争，不过分地削弱敌人，不忘记今天的敌人可能成为明天的盟友，不幻想某个国家会有抑制自身的美德，不让它强大到可以肆意妄为的地步。他说，无论民主国家还是王朝国家，都必须牢记以上原则。

巴特菲尔德指出，18 世纪的外交史能使当代人认识到权力的限度，认识到能做什么，不能做什么。这包括道德和实践两个方面。在道德上，它有助于促使人们认识到，人类的困境是永恒的，而国家及其领导人在政治和道德上有责任去解决它所带来的种种问题和僵局；在实践上，它使当代政治家们认识到，国际政治就是权力政治，权力无处不在，但是权力是有限度的，外交政策也具有物质的和伦理的限度。[①]

3. 案例分析

20 世纪初，英国处于日不落帝国时期，是名副其实的欧洲乃至世界第一大国，维持欧洲的国际秩序以及现有的均势状态是其一贯的外交理念。在刺杀事件发生后，英国的政治家们努力通过外交手段来保持国际秩序与均势状态，维护和平。英国在这起事件中充当调停者，已经尽到了大国的责任。

对于可能发生的战争，英国选择的是维持现有秩序，意图通过调

---

① 周桂银：《基督教、历史与国际政治——赫伯特·巴特菲尔德的国际关系思想》，《欧洲研究》2005 年第 4 期，第 1—18 页。

停把事件范围控制在奥匈帝国与塞尔维亚之间,防止其他的欧洲大国卷入并制造灾难以及破坏现有的国际社会。然而,德国侵犯比利时主权,公然无视《伦敦条约》以及国际法,最终使事件到了无可挽回的地步,加上盟国法国的要求,英国最后选择通过战争的方式维护《伦敦条约》和国际法的权威。因为如果国际社会的共同规则或权利分配受到挑战,各国可以通过武力来维持并恢复现状。此时战争成为调整平衡的最后手段。

(三)欧洲各国政治家决策分析

1. 剧情回顾

在萨拉热窝事件发生后,英国力图调停各国矛盾、维持和平均势状态。德国大使李赫诺夫斯基亲王、俄国大使贝肯多夫伯爵、法国大使保罗·康邦以及奥匈帝国大使门思多夫伯爵这四国大使都先后多次,甚至同时参见过英国外交大臣爱德华·格雷爵士。德国大使李赫诺夫斯基亲王与格雷爵士私交甚好,两人甚至还在板球比赛中交换两国立场与意见,在很大程度上影响了两国决策。

除此之外,德皇威廉二世与斐迪南大公是爱好相同的猎友,德国又与奥匈帝国为盟国。因此德皇威廉二世的个人感情也很大程度上左右了其治国方略,导致了战争的最终爆发。

2. 理论依据:政治家与治国方略相互作用理论

国际社会理论是一种以人类与其政治价值为焦点的探索世界政治的历史和制度的方法。其中心任务是研究那些塑造着世界政治的思想和意识形态。其认为国际关系是人类关系的一部分,并且采用以人为中心的方法,要求国际关系学者对那些从事国际关系的人们的思想和行为进行阐述。其认为国家并不是物品,国家不能脱离组成它并代表它发挥作用的人类——公民和政府——而单独存在。国际社会学者把国际关系看成人类关系的一个特殊部分:它发生在一定历史时期并包含着规则、规范与价值。

英国学派(国际社会学派)把国际关系看成一种由国家构成的"社

会"，其中主要的行为体就是那些擅长实施治国方略的政治家们。因此必须把国家和政治家的外交政策倾向作为分析的中心，即要分析他们的观念、假定、兴趣、关切、目的、野心、算计与失算、渴求、信仰、希望、恐惧、疑虑、不确定性等。

同时，其认为国际关系是由政治家们的外向政策、决定和行为构成的。这些政治家是作为那些彼此独立与不受制于更高权威的以地域划分为基础的政治体系(即主权国家)的代表来行动的。

3. 案例分析

忽略政治家对治国方略的影响，而单从时间维度来进行研究，似乎是我们一贯的做法。如"萨拉热窝事件"之斐迪南大公遇刺被作为第一次世界大战的导火索，但通过《战前 37 天》中对从萨拉热窝事件爆发到英国最终宣战的历史还原，人们可能会意外地发现，一战完全是有可能避免的，并且很大程度上是个别政治家因观念、假定、恐惧、疑虑等因素，促成了发动战争或参加战争的决策。

英国自由党外交大臣爱德华·格雷爵士是纯正的自由主义者，他相信道德能够在国际社会中发挥重要作用，坚信各国定会遵守共同签署的国际条约与国际法，秉持一贯的外交传统，维护欧洲大陆的和平。因此，在德国支持奥匈帝国发动对塞尔维亚的侵略战争时，以及俄国、法国要求英国履行已签订的军事同盟条约义务时，格雷爵士依然坚持认为，应当通过非直接当事国举行国际和会的方式，防止冲突的发生，保证欧洲大陆的和平。

德皇威廉二世决定对比利时发动攻击，23 分钟后，所谓的格雷"英国和平方案"——英、法将不履行与俄军事同盟条约，不介入俄德之间的战争的消息传到了柏林。威廉二世无比激动，立即命令毛奇将先遣队撤回，调转方向进攻俄国，以防发生不必要的麻烦。实际上这是对英国外交大臣格雷爵士在内阁会议间隙与德国大使李赫诺夫斯基亲王电话谈话的误传，亲王错误地理解了格雷爵士的意思，误以为法国也同意了该方案。一天后，英国国王乔治五世发送电报向其表兄弟德皇威廉二世说明这是一次误解。此举彻底激怒了威廉二世,他立即要求毛奇发动跨越比利时的对法全面作战。随后,英国对德国发出最后通牒,要求其在 1914 年 8 月 4 日 24 点前从比利时撤出全部部队,否则英国将对德宣战。随着零点钟声的敲响,英国对德正式宣战,第一次世界大战爆发。

不难看出,一战爆发的直接原因中,有很大部分是人为因素。即政治家的假定、恐惧、疑虑等因素,最终会对其治国方略产生很大影响,从而左右国际社会的发展。

五、关键要点

(一)对影视剧《战前 37 天》的剧情和背景知识要有清晰、全面的了解和梳理。

(二)全面掌握英国学派相关理论,并能将影视剧《战前 37 天》中的情节与对应的理论知识联系起来。

(三)运用国际社会、国际秩序与均势理论及政治家与治国方略理论来分析剧中的各类战争决策的原因。

六、建议课堂计划

(一)课前计划

1. 请学生在课前完整观看影视剧《战前 37 天》,并通过查阅相关资料对影视剧有一个完整的认识与评价。

2. 阅读英国学派、国际社会相关书籍,对影片中涉及的国际秩序与均势、政治家与治国方略等理论知识有较为全面的掌握。

3. 在班级学生中组织案例研究制作团队,每个团队根据需要选定数名同学进行影像案例展示。

(二)课中计划

1. 任课教师介绍课堂计划与安排,简单引出影视剧《战前 37 天》。(5 分钟)

2. 请案例研究团队进行影像案例分析展示。（20 分钟）

3. 请同学们根据在每个团队影像案例展示过程中产生的疑问进行简单讨论和提问，相关团队人员代表予以精简回答。（10 分钟）

4. 任课教师针对每个团队的影像案例展示内容，对团队成员和在座同学进行引导式提问。被提问团队和在座同学经过小组讨论后，请代表解答。（25 分钟）

5. 任课教师对每个团队的影像案例展示成果进行点评，对相关问题的讨论结果进行总结，并提出改进建议。（10 分钟）。

6. 结合影像案例，任课教师进行相关理论知识讲授。（15 分钟）

（三）课后计划

1. 要求影像案例展示团队根据教师在课堂上的总结、评价和改进建议，修改完善影像案例。

2. 要求未参与影像案例研究的同学依据课堂影像案例展示的内容和讲授的相关外交战略、外交决策知识，并结合当今国际关系热点，进行影像案例制作。

3. 任课教师要求全体同学阅读参考文献中列出的相关资料。

七、参考文献

1. 陈志瑞等编：《开放的国际社会——国际关系研究中的英国学派》，北京大学出版社，2006。

2. 章前明：《英国学派的国际社会理论》，中国社会科学出版社，2009。

3. 张小明：《国际关系英国学派——历史、理论与中国观》，人民出版社，2010。

4. ［美］赫德利·布尔：《无政府社会：世界政治秩序研究》，张小明译，世界知识出版社，2003。

5. ［加］罗伯特·杰克逊、［丹］乔格·索伦森：《国际关系理论与方法》（第四版），吴勇、宋德星译，中国人民大学出版社，2012。

6. 方长平：《英国学派与主流建构主义：一种比较分析》，《世界经济与政治》2004 年第 12 期。

7. 郭观桥：《国际社会及其机理——赫德利·布尔的国际关系思想》，《欧洲研究》2005 年第 4 期。

8. 马国林：《英国学派与英格兰学派：从分立到合一》，《世界经济与政治》2012 第 6 期。

9. 苗红妮、秦治来：《从国际社会到世界社会——巴里·布赞对英国学派的重塑》，《欧洲研究》2005 年第 4 期。

10. 石斌：《权力·秩序·正义——"英国学派"国际关系理论的伦理取向》，《欧洲研究》2004 年第 5 期。

11. 唐小松：《英国学派的发展、贡献和启示》，《世界经济与政治》，2005 年第 7 期。

12. 周桂银：《基督教、历史与国际政治——赫伯特·巴特菲尔德的国际关系思想》，《欧洲研究》2005 年第 4 期。

13. ［英］巴里·布赞、李晨：《英国学派及其当下发展》，《国际政治研究》2007 年第 2 期。

14. Allinson G. T. , *Essence of decision*：*Explaining the Cuban missile crisis* (1st edition. Boston：Little Brown，1979).

15. H. Butterfield，M. Wight and I. Hall，*Diplomatic Investigations*：*Essays on The Theory of International Politics* (Massachusetts：Harvard University Press，1966).

7

《恩德培行动》：
明修栈道，暗度陈仓

苟青华 *

摘　要：本案例选取电影《恩德培行动》为研究对象。该片依据真实事件"恩德培行动"改编，主要讲述了以色列政府与恐怖组织斗智斗勇，授权军事行动并成功营救人质的决策过程。本文旨在通过对影片内容的分析，用相关理论知识解释影片对应的故事内容，加强学生对外交决策的认识、理解和运用。本案例适用于外交学、国际政治学的案例教学，适用对象可为外交学、国际政治的本科生和硕士研究生。
关键词：恐怖劫机；恩德培行动；决策过程；决策影响因素；对外决策

案 例 正 文

一、影片概述

（一）创作背景
1976 年 7 月，以色列特种部队以他们的技能和智谋成功完成了这

＊　苟青华，女，重庆名豪实业（集团）有限公司。

次长达 3 520 千米的大胆行动,创造了历史上最惊心动魄的营救人质行动——恩德培行动。该行动是以色列军队历史上距离最远、规模最大、最大胆的行动,是以色列军队的里程碑式行动,也是全球范围内一个经典的反恐案例。

（二）基本信息

如表 7-1 所示。

表 7-1　剧情基本信息

电影名称	恩德培行动（*Operation Thunder Bolt*） （希伯来语片名：*Mivtsa Yonatan*）
导演	梅纳赫姆·戈兰
类型	剧情/动作/历史/政治
上映日期	1977-07-11
影片时长	124 分钟
演员	［以色列］耶霍拉姆·加翁饰：内塔尼亚胡上校 ［以色列］莫缇·吧哈拉饰：肖姆隆准将 ［德国］马文·弗雷曼饰：佩莱德（空军司令）

（三）影片梗概

1976 年 6 月 27 日,一架从以色列飞往法国巴黎的法航客机 139 次航班,在中转站希腊雅典国际机场起飞后不久被恐怖分子劫持,被劫客机先短暂停留在利比亚班加西,最终驶向乌干达恩德培国际机场。此后,恐怖分子表明劫机目的:用被劫人质换取被关押在以色列和多国的恐怖分子。以色列政府权衡利弊,假装政治对话是解救人质的唯一方式,几乎完全顺从恐怖分子的所有要求,实则暗中策划军事营救行动。以色列政府通过利益捆绑获得肯尼亚的支持,并让第三方乌干达总统从中斡旋争取更多时间。最终,以色列突击队在截止时间前一晚闪电突袭乌干达,在一小时内以极小的伤亡成功解救被困人质。

(四) 各方关系

如图 7-2 所示。

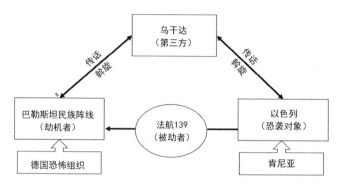

表 7-2 《恩德培行动》各方关系图

二、剧情介绍

(一) 起因:纠葛历史暗藏杀机,客机被劫沦为羔羊

1976 年 6 月 27 日,法航 139 次航班中转雅典,起飞 20 分钟后被 6 名恐怖分子劫持,机上 242 名乘客,其中 105 名以色列人。人质被劫持到乌干达恩德培机场后,恐怖分子提出用被关押在以色列、德国、肯尼亚等国的 53 名巴勒斯坦人来交换人质,一开始这个提议被以色列总理拉宾断然拒绝。以色列国防部内部尤其是突击队开始策划军事营救行动,但由于情报的不充足,这些方案都没有得到国防部长、总参谋长的认可。

(二) 发展:利益三方各怀鬼胎,军事营救迫在眉睫

到达恩德培机场后的第二天,恐怖分子释放了除以色列人外的其他国籍人士。国防委员会召开会议讨论军事营救行动的可行性,因情报不完善,会议并未取得有效成果。为了稳定恐怖分子,拖延时间,回应公民爆发的不满情绪,加之军事行动尚不成熟,安全内阁一致决定

"妥协"。以色列政府公开表示愿意与劫机分子谈判,因为已经无用武的可能。在以色列政府"示弱"以后,恐怖分子决定让最后期限延后 3 天至 7 月 4 日下午两点。时间相对宽裕,前期行动计划初步成型,总理拉宾还是决定可以将军事营救行动作为营救人质的一个备选方案。

(三)高潮:周密计划排除万难,秘密奔赴千里机场

在王牌情报机构摩萨德的高效率调查下,以色列得到恩德培机场的施工图纸,在经获释人质的确认后,立即建造了一个等比例还原恩德培机场的训练基地。随着情报越来越详细,以色列军方所制定的营救计划也日趋完善。在短暂几天不间断的实战演练下,突击队已将千里之外的恩德培机场的一切牢牢刻进脑海。在此期间,国防委员会也多次与军方作战指挥人员召开会议,了解行动的改进情况,以作为决策的基础。总理逐渐认可行动,但内阁部分成员仍然坚决不同意。

(四)结尾:闪电行动一气呵成,平安回家举国欢腾

7 月 3 日下午,安全内阁开会,成员间仍有分歧,导致会议迟迟不能做出决定。时间限制下,基于对现状的判断,突击队在还没有得到内阁会议授权的情况下提前出发。出发后才接到安全内阁一致通过军事营救方案的指令,千里奔袭乌干达解救人质。

恩德培行动的成功让以色列国内兴奋不已,人质的家属早早等候在机场,迎接他们刚刚经历生死劫的亲人。

三、附录

(一)影视资料

1. CCTV-7:《军事纪实·回望恩德培救援行动》,2012。

2. CCTV-10:《探索发现·特战奇兵(五):电闪乌干达》,2014。

3.《恩德培救援行动》(*Raid sur Entebbe*),2003。

4.《恩德培突袭》(*Situation De Crise E*09:*Rdid Sur Entebbe*),1976。

5.《人质生死劫-恩德培行动》,2014。

6.《突袭恩德培》（*Raid on Entebbe*），1976。

7.《末日独裁》（*The Last King of Scotland*），2006。

8.《形势批判－恩德培人质救援行动》（*Situation Critical —Entebbe Hostage Rescue*），2007。

9. 以色列纪录频道：《困难重重：六次战争和恩德培突袭》（*Against All Odds：Six War & Raid on Entebbe*），2000。

10.《最伟大的人质救援行动之突袭恩德培》（*The Greatest Hostage Rescue in History Documentary on The Entebbe Raid*），2001。

（二）图书

1.［以］伊多·内塔尼亚胡：《约尼的最后一战》，王中祥译，化学工业出版社，2014。

2.［以］麦克·巴佐哈、［以］尼西姆·米修：《没有不可能的任务：以色列特种部队致胜之道》，王敏慧译，鹭江出版社，2016。

3. 林兵、张章编著：《反劫持作战：心理战和闪电战的完美结合》，凤凰出版社，2012。

案例使用说明

一、教学目的与用途

（一）本案例的适用对象为外交学、国际政治学的本科生、硕士研究生，以及对"恩德培行动"相关知识感兴趣的学习者，也可用作电影《恩德培行动》的参考资料。

（二）本案例旨在通过对电影《恩德培行动》内容的分析，总结影片中体现出的外交决策相关理论知识，然后运用这些理论知识具体解释影片中对应的典型事件，加深学习者对这些知识的认识、理解和实际运用。

二、启发思考题

（一）影片主要讲述了哪些故事情节？

（二）这些故事情节体现了哪些相关的外交决策理论知识？

（三）领事保护决策是如何形成的？ 如何用这些理论知识来分析以色列政府授权军事营救行动的过程？

三、分析思路

本案例的研究是基于外交决策理论知识，并结合电影《恩德培行动》的内容展开。

在案例分析过程中，首先引导学生观看电影《恩德培行动》，概括影片主要讲述的故事情节，再提取出对应的真实事件，通过查阅资料总结该事件的产生、发展、结果及影响，让学生对影片讲述的内容和背景有全面和深刻的了解。

其次，要求学生从已经概括出的故事情节中，结合外交决策相关知识。

最后，指导学生运用政府决策机制、决策影响因素和决策操作等理论知识，解释影片中有关海外安保的外交政策制定的典型情节。

四、理论依据与分析

以保证国民安全为核心的领事保护决策是外交决策中一个具体而特殊的分支，其以决策者处于被动、时间紧迫等特点区别于其他决策类型。分析本案例主要应用的外交决策知识，包括决策机制、影响决策的因素。对以色列政府从得知飞机被劫持到授权军事营救行动的整个决策过程进行追踪，归纳分析出以色列政府的领事保护决策机制，挖掘以色列政府每一步决策行为背后的因果逻辑，探索其在时间高压和不确定性强的情况下仍能做出高质量决策的原因。

（一）军事营救决策机制

1. 理论要点

在国家战略体系中，设计对外关系的战略可称为对外战略或国际战略，国家要实施和贯彻对外政策，就必须要有适宜的措施与手段，而这种措施与手段实际上就是国际战略。[①] 通常，国家以对外政策来确定自己的目标，以国际战略确定实现目标的手段和方案。所以，国际战略决策就是确定国家对外政策目标，分析国家实力并选择适宜手段的互动过程。[②]

从对外关系来说，运用外交手段和军事手段是两种最基本的战略模式，尽管所有国家在这两种模式的选择上都以外交手段为主，但因历史和现实因素，以色列经常凭借军事手段（即采取军事战略），并以先发制人的方式，来实现其对外政策目标。军事战略的内涵是，确保

---

① 李少军主编：《国际战略学》，中国社会科学出版社，2009，第 21 页。
② 同上，第 58 页。

在需要时能够运用军事手段实现战略目的。

从形式上讲,外交决策的系统是一个有序的结构。在一定时空中,它有相对稳定的关系和行为方式,该系统的参与者就是决策者。外交决策应包括如下过程:(1)决策者基于对相关事实的客观评价,界定需要进行决策的形势;(2)确定在该形势下需要实现的目标;(3)考虑实现目标的所有可能手段;(4)最终选择能最大限度地实现目标的手段;(5)采取贯彻决定的必要性的行动;(6)评估每一个行动的结果。对于有效率的团队来说,通过检查信息库的内容发现缺失的信息并进行信息补偿是非常重要的。[①]

2. 影像分析

劫机事件发生后,以色列总理立即召开紧急安全会议,首先根据以往经历预测恐怖分子会让飞机开回特拉维夫,届时由突击队实施营救行动,但不涉及大型军事行动。随着危机发展,以色列政府明确恐怖分子的终点是乌干达恩德培。国防委员会召开会议讨论对策,也邀请国防军作战总指挥加入,了解军事营救行动的可能性。会议中,军事行动一直没有获得授权,这种隐形的压力向下传递着,迫使行动中的各级决策者必须改进完善营救计划。政府外部,新闻媒体对劫机事件的报道和评论源源不断,因限期为7月1日上午,公民爆发大规模游行,要求政府尽快解救人质,人质家属甚至到政府机关施压。期限时间临近,总理组织的安全内阁会议一致决定对外宣布向恐怖分子妥协,将释放关在以色列的43名恐怖分子。恐怖分子觉得自己占了上风,决定将最后期限延长3天。

随着情报收集的全面展开,突击队员夜以继日地进行严格模拟实战演练,行动被修订了无数细节,营救计划的实用性和应用性都越来越高。约尼和肖姆龙拿着改进后的计划"游说"行动指挥部主任、参谋长、国防部长、总理。多出的时间和初步成型的军事营救计划让总理

---

① 李少军主编:《国际战略学》,中国社会科学出版社,2009,第64—65页。

拉宾决定实施军事营救行动。军队得到通知后，在摩萨德情报的加持下，其军事行动指挥部不断完善计划，突击队员不断进行实战演练。最后，突击队在飞往乌干达的途中获得授权，奔赴千里，营救人质。整个过程，总理根据行政程序召开安全会议，安全内阁集团对军事营救行动拥有最终决策权；对于军事行动，不论是总参谋长、国防部长，还是总理拉宾和安全内阁成员，都极其慎重，直到行动计划几近完美、伤亡预测可以接受、演练足够熟练的时候，才判断行动的成功性很高，授权行动。

在以色列政府的决策过程中，在危机事件并未全面定性之前，有危机对策委员会对事件做出初步评估和初步应急。在对事件有了清晰认知后，才进入下一步的决策机制，即安全内阁的集体决策。当需要军事手段辅助时，以总理为首的国防委员会也在尽快对军事行动做出决策，最终由安全内阁做终极决策。每个可供选择的政策方案都只是对原方案做细微的改变。这种决策模式从政治上看来是安全的，它或许不能导致宏伟目标的实现，但的确能避免重大的决策失误。在内阁通过恩德培行动计划的最后会议中，一位部长问总参谋长古尔："你估计会有多少伤亡？"古尔回答道，这很难预测，但根据先前的演习情况来看，行动成功的可能性很大；损失可能很低，但也可能有近 20 名人质将被杀害。同时，古尔也承认，谁也无法预料在一次军事行动中会发生什么。提出"有限理性决策模式"的赫伯特·西蒙曾说："从某种意义上讲，一切决策都是某种折中。最终选定的决策方案，绝不会尽善尽美地实现目标，它只可能是在当时条件下可以利用的最好的办法。"[1]（见图 7-1）

危机对策委员会：1976 年，以色列政府尚未成立国家安全事务局；一旦遭遇危机事件，以色列政府就会立即成立由总理领导，国防部长、运输部长、外交部长、司法部长等组成的危机对策委员会，其作用

---

[1]　王鸣鸣：《外交决策研究中的理性选择模式》，《世界经济与政治》，2003 年第 11 期。

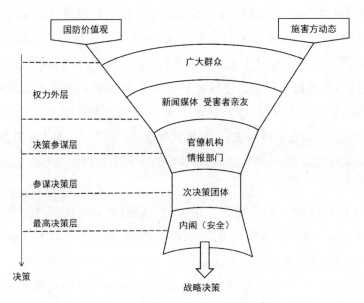

图 7-1　以色列军事营救决策机制

是对发生的危机事件做出初步判断和应对。

国防委员会：国防委员会是最高军事决策机构，由总理任主席，委员包括国防、外交、内政和财政部长等。国防委员会主任兼武装部队最高统帅，国防部副部长和总参谋长是国防部长的助手。

安全内阁：以色列实行三权分立的议会民主制，政府总理由总统任命议会中占大多数的政党党魁担任，总理掌握国家实权。安全内阁是由部分内阁部门成员组成的专门处理重大国家安全事务的决策团体。安全内阁由总理领导，外交部长、国防部长、司法部长、不管部长[1]、情报局长、运输部长等组成。它的职能是对当前情况进行评估，并对提供的解决方案进行最终决策。[2]（见图 7-2）

---

[1]　不管部长：亦作"不管部大臣""国务大臣""无任所相"等，不专管某一领域的具体政务，但深得总理重用，地位极高，他们甚至可以插手各部事务。在以色列，不管部长主要负责内政事务。资料来源：《环球时报》，2004 年 11 月 5 日，第 6 版。

[2]　陈双庆：《以色列危机管理机制及运作》，《学习时报》，2003 年 4 月。

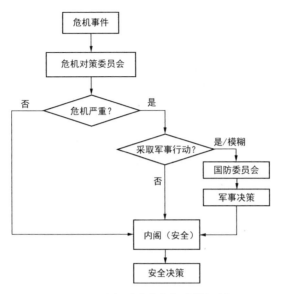

图7-2　以色列政府内部决策机制

（二）决策影响因素

每个国家的战略选择和执行，都要受制于外部、内部环境。在领事保护决策中，时间因素也颇为重要。

1. 外部环境①

（1）理论要点

首先，外部环境包括国家利益、国家目标、国家实力、战略资源、地理位置、国际制度等因素；其次，人们通常把决策组织视为信息的输入、处理、输出系统。这个系统的功能就是收集关于外部环境的威胁和机会的信息，对事件进行解释和有效的分析评估，进而找出共同的结论和应对措施。

（2）影像分析

在接到劫机消息的第一时间，以色列国防部突击队就开始策划军

---

① 李少军主编：《国际战略学》，中国社会科学出版社，2009，第64页。

事行动;当得知恐怖分子企图用囚犯换取人质时,总理拉宾断然拒绝,因为以色列对待恐怖主义的一贯政策就是"决不妥协";在两次政府发布会上,总理办公室主任兼发言人都曾说,"外交部长在与美国国务卿基辛格联系"。以色列强大的军事实力是他们有信心采取军事行动奔赴千里之外营救人质的最根本原因。

以色列从建国以来就一直处于战争和恐怖袭击之中,国家安全是政府的首要目标,安全问题涉及国家的核心利益;在美国的帮助下,以色列建立起了自己强大的军事防御体系以应对层出不穷的危险。在以色列的对外政策中,美国是一个不可忽视的因素。[①] 因为对恐怖分子的深恶痛绝,以色列对其政策一贯都是"决不妥协、绝不手软";常备不懈的军队是保证任何时候采取军事行动都能成功的基础和坚定的保障;而在军事营救行动的策划中,以色列与乌干达之间的沿线国家的关系也是影响战略选择的重要因素,以乌没有建立外交关系,其余大部分国家对以色列不友好。其中只有肯尼亚有合作机会,以色列答应肯尼亚,炸毁乌干达停在恩德培机场的战机,消除乌干达总统阿明对肯尼亚的威胁,而肯尼亚则答应将内罗毕机场作为以军千里之行的中转站。

2. 内部环境

(1) 理论要点

内部环境主要涉及三个层面:个人决断层面、社会政治层面和文化层面。

首先,决策主体是主权国家,但国家本身并不能做决策,只有代表主权国家的决策者才行。战略决策过程本身是决策者主观感知和加工客观事实的过程[②],决策者的心理、生活经历、社会地位、对周围环境的认知等都会直接影响决策的结果。

---

① 李伟建等著:《以色列与美国关系研究》,时事出版社,2006,第104页。
② 李少军主编:《国际战略学》,中国社会科学出版社,2009,第64页。

其次，战略决策过程中，决策者还会时时受到内部官僚政治因素的影响。国家的战略决策是由有着不同动机、观点和利益的部门（权力中心）共同制定的，其形成过程是一个相互说服、妥协和建立共识的过程。组织决策行为要受决策得以做出的官僚机构的指令和要求的限定。

最后，文化是影响战略决策的一个更深层次且无处不在的因素。它反映了一个国家根本性的安全和利益要求，会长期稳定地发挥作用。它来源于国家的历史、社会和文化经验，作为一种深深根植于社会各处的意识，从各个方面影响国家的战略选择。

（2）影像分析

国防部长佩雷斯曾是戴维·本-古里安的得力助手，1956年他成功建立了以法同盟，并因在以色列南部城镇迪莫纳建造了一处秘密核反应堆而声名鹊起。总理拉宾曾是以色列"帕尔马赫"（一支脱产接受军事训练的特种部队，主要使命是从事战术侦察、情报收集以及营救人质等）突击队的一名战士，后来担任过以色列国防军总参谋长和以色列驻美大使。[①] 总参谋长古尔在军队服务超过20年。这些政府的高级决策者大多都有军队背景，强势的作风和思维会影响他们的战略选择；突击队领导者们都曾经去过乌干达并呆过一段时间，根据这段经历，他们知道乌干达军队的一些"灰知识"，所以他们能够提出并执行"用几辆黑色路虎来假扮总统阿明的护送车队"的想法。因为在乌干达，只有政府高级官员或总统才会乘坐这样的车，机场守卫的士兵看到车就知道来人的大概身份，不仅会行注目礼，甚至不会排查，这样就可以让突击队下飞机以后，快速穿过守卫，到达候机大厅。完善的细节使行动直接指挥者自信，这种自信也会给上级决策者更多的正面影响。决策者认知理论侧重于研究人的认识过程，影片中各部门官员

---

① ［以］麦克·巴佐哈、［以］尼西姆·米修：《没有不可能的任务：以色列特种部队致胜之道》，王敏慧译，鹭江出版社，2016，第7页。

组建的内阁在劫机事件的发展中经历最后期限的限制、人质将被杀害的现实、日益完善的营救计划……本质上是威胁感受、时间压力、交流沟通、信息处理和方案评估的过程等。

在总理组织召开的紧急安全会议和内阁会议之中,各部门官员都因为行动不够完善而未达成一致。政府内阁中的决策者来自政府系统中不同的部门,如外交部、国防部、商务部、农业部等,不同组织和不同官员要同时照顾个人利益、组织利益和国家利益,而外交决策机制又限定要内阁批准,因此国家决策总是不会一帆风顺。[1] 当整个行动已经精确到人、精确到组、精确到秒,成功的可能性极大时,内阁在最后才通过了行动决议。在整个决策过程中,各部门决策者为了维护自己部门的利益会对决策有更多的"合理存疑"[2],这也促使决策内容本身逐渐优化,优化的决策内容反过来回应决策者,促进决策进程。以色列面对重大的安全事件时,军事战略是一个优选选项,这种战略倾向具有以色列民族性和历史烙印。

3. 时间因素

(1)理论要点

就时间维度,不难看出在对方目标既定的情况下,从施害方手中争取更多的时间对政府领事保护决策极其重要。充足的时间往往能带来更多的选择余地,但行动中要获得更多的时间,至少从表面,只能顺从施害方。

(2)影像分析

1976 年"六日战争"后,以色列投入大量时间和精力制定了一种反恐和反游击战略,这种战略在所有层次上都是强烈进攻性和纯军事性的,这便逐渐配备了拥有极高专业水准和行动效率的应急响应机制。

---

① 李求庆:《恩德培上空的"雷电"——1976 年以色列"野小子"突击队在乌干达的反劫机行动》,《军事展望》2002 年第 9 期。

② 钟开斌:《认知-心理、官僚-组织与议程-政治——西方危机决策解释视角的构建与发展》,《世界经济与政治》,2007 年第 1 期。

劫机事件发生后，以色列政府"明修栈道，暗度陈仓"，表面对恐怖分子妥协，实则启动军事手段，这种利用有限时间的灵活多变战术对领事保护进程有着积极意义。

此外，恩德培行动中作为执行人员的突击队，是以色列国防部最精良的特种作战部队——"野小子"特种部队，从他们时间精确到秒的演练到为保证行动成功自主决定临界时间提前出发，对成功营救人质在执行层面也起到决定性作用。

五、关键要点

（一）对电影《恩德培行动》的剧情和背景知识要有全面的了解和梳理。

（二）以色列政府在一个有序的政治体系中，按决策操作步骤做出决策，其中官僚政治体系、决策者心理认知和政治决策文化都是影响决策的因素。

（三）在稳定的政治系统中，以色列安全决策者在诸多因素的影响下改变着对战略决策内容的认知。影片中外交政策的最终授权源自决策者与实施者的双向压力互动。

六、建议课堂计划

（一）课前计划

1. 请学生在课前完整观看电影《恩德培行动》，并通过查阅相关资料对影片有一个完整的认识和评价。

2. 阅读外交政策等相关材料，对影片涉及的官僚组织模式、心理认知模式等理论知识有较全面的掌握。

3. 在班级学生中组织案例研究制作团队，每个团队根据需要选定数名同学进行影像案例展示准备。

（二）课中计划

1. 任课教师介绍课堂计划与安排，不多赘述，简单引出电影《恩

德培行动》。(5 分钟)

2. 请案例研究制作团队进行影像案例展示。(20 分钟)

3. 请同学们根据在每个团队影像案例展示过程中产生的疑问进行简单讨论和提问,相关团队人员代表予以精简回答。(10 分钟)

4. 任课教师针对每个团队的影像案例展示内容,对团队成员和在座同学进行引导式提问。被提问团队和在座同学经过小组讨论后,请代表解答。(25 分钟)

5. 任课教师对每个团队的影像案例展示成果进行点评,对相关问题的讨论进行总结,并提出改进建议。(10 分钟)

6. 结合影像案例,任课教师进行相关理论知识的讲授。(15 分钟)

(三)课后计划

1. 要求影像案例展示团队根据教师在课堂上的总结、评价和改进建议,修改完善影像资料。

2. 要求未制作影像案例资料的同学根据影像案例展示的内容和讲授的外交政策知识,结合当今国际关系热点问题,进行影像案例制作,并结合相关资料,着眼案例背后的真实事件,分析原因。

3. 任课教师要求全体同学阅读参考文献中列出的相关资料。

七、参考文献

1. [美]罗伯特·杰维斯:《国际政治中的知觉与错误知觉》,秦亚青等译,上海人民出版社,2015。

2. [美]加布里埃尔·A. 阿尔蒙德、小 G. 宾厄姆·鲍威尔:《比较政治学——体系、过程和政策》,曹沛霖等译,东方出版社,2007。

3. [美]罗杰·希尔斯曼、[美]劳拉·高克伦、[美]帕特里夏·A. 韦茨曼:《防务与外交决策中的政治:概念模式与官僚政治》,曹大鹏译,商务印书馆,2000。

4. 张历历:《外交决策》,世界知识出版社,2007。

5. 彭光谦主编：《世界主要国家安全机制内幕》，江苏人民出版社，2014。

6. 石杰琳：《中西方政府体制比较研究》，人民出版社，2011。

7. 高庆德：《以色列情报组织揭秘》，时事出版社，2016。

8. 陈双庆：《以色列危机管理机制及运作》，《学习时报》2003 年第 4 期。

9. 李志芬：《以色列民族建构研究——意识形态、族群、宗教因素的探讨》，博士论文，西北大学，2009 年。

⑧

《战狼2》：
外交决策中的个人及其推动作用

刘雪君*

摘　要：本案例选取《战狼2》为研究对象。该电影主要讲述了男主角冷锋在无军事支援的情况下，孤身前往非洲战区，营救中国侨民，最终成功撤侨的故事。本案例旨在通过对影片内容的分析，展现外交决策从制定到实施的过程，连同之后的《红海行动》，为影像案例提供一个分析框架，加强学生对外交决策分析的理解。本案例主要适用于外交决策分析的案例教学，适用对象可为国际政治和外交学等相关专业的本科生及硕士研究生。

关键词：中国海外撤侨；决策过程；外交决策

案 例 正 文

一、影片概述

（一）创作背景

《战狼2》的创作主要基于2011年的利比亚撤侨行动。① 实际上，

＊　刘雪君，女，香港城市大学公共及国际事务学系。

①　《〈战狼2〉里的撤侨剧情真实原型是这样的》，人民网，http://ccnews. people. com. cn/n1/2017/0808/c141677-29456526. html,最后登录时间：2022年3月20日。

中国的撤侨行动最早可以追溯到 1918 年的北洋政府武装撤侨。[①] 中华人民共和国成立之后，由于 20 世纪 60 年代印尼排华运动，中国政府做出了撤侨的决策，数万名华人华侨得到帮助。进入 21 世纪以来，国际局势波谲云诡，随着中国"走出去"步伐不断加快，海外华人华侨及企业的安全问题也逐渐凸显，而大规模的撤侨行动也成为中国涉外事务中的重要组成部分。

（二）基本信息

《战狼 2》上映于 2017 年 7 月 27 日，是由吴京导演，吴京、张翰、吴刚、弗兰克·格里罗、卢靖姗等共同主演的一部剧情动作片。《战狼 2》上映后，获得多项国内外电影节大奖，如 2017 年中国-东盟电影节最佳影片奖、2018 年第 17 届中国电影华表奖优秀故事片奖等。[②]

（三）人物关系

如图 8-1 所示。

《战狼 2》中，原为中国人民解放军特种部队"战狼"中队成员的冷锋因触犯纪律被开除军籍，来到非洲某国谋生。当地红巾军聘用欧洲雇佣军，与政府军发生交火，该国陷入战乱。冷锋首先护送战区侨民抵达大使馆，后得到许可，重返战区的华资医院及工厂营救被困的中方医生及员工。在瑞秋医生和非洲小女孩帕莎，以及华资工厂卓亦凡和何建国的协助下，大批中国公民和非洲当地雇员成功撤离。然而，红巾军及欧洲雇佣军阻碍撤侨行动，同时伤及部分当地中国侨民。[③]

---

① 《1918 年——北洋政府武装护侨大撤退》，山东大学移民研究所，http://www.ims.sdu.edu.cn/info/1014/9155.htm，最后登录时间：2022 年 3 月 20 日。

② 《战狼 II》获中国-东盟电影节最佳影片，人民网，http://world.people.com.cn/n1/2017/1205/c1002-29685513.html，最后登录时间：2022 年 12 月 21 日。《战狼 2 获奖情况》，豆瓣电影，https://movie.douban.com/subject/26363254/awards/，最后登录时间：2022 年 12 月 21 日。

③ 刘雪君：《〈红海行动〉与〈战狼 2〉：中国特色撤侨中的机构与个人》，载谌华侨主编《海外紧急避险研究：典型问题与影像案例》，人民日报出版社，2019，第 81 页。

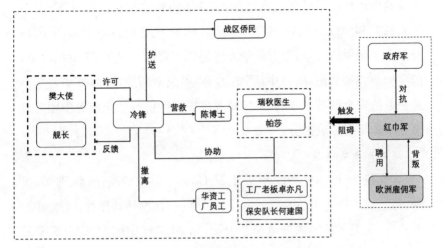

图 8-1 《战狼 2》主要人物关系图

二、剧情介绍

如图 8-2 所示。

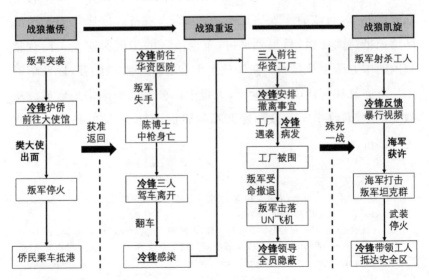

图 8-2 《战狼 2》剧情脉络

《战狼2》从冷锋的角度出发，主要描述了一场自下而上的撤侨行动。影片中，非洲某国突发叛乱，冷锋为保护男孩图杜和华人店主等人，带领他们一起前往中国大使馆，寻求庇护；红巾军见樊大使出面，停火后撤，该批侨民得以在冲突暂停的间隙抵达港口，准备撤离。在从舰长和大使那里得知仍有大量中国公民被困于战区内的医院及工厂后，冷锋决定继续营救。由于中国军队彼时还未获得联合国的许可，无法进入战区，因此多方决定让冷锋独自重返战区，营救被困中国公民。

冷锋到达医院后，发现受叛军领导的欧洲雇佣兵在医院杀害了掌握拉曼拉疫苗技术的陈博士，冷锋正面对抗，最终带着瑞秋医生与帕莎成功离开，然而途中翻车，冷锋不幸感染上拉曼拉病毒。三人到达图杜指引的华资工厂，随即开始计划乘坐飞机撤离的方案。然而，当晚雇佣兵在冷锋病毒发作时袭击了工厂，虽之后叛军接到命令临时撤离，但仍造成了多名中国公民的死伤。屋漏偏逢连夜雨，第二天，当联合国的直升机前来协助撤离时，不幸被叛军击落。冷锋带领工人躲进工厂，瑞秋医生帮助照料受伤人员。在卓亦凡与何建国的协助下，冷锋与叛军进行殊死搏斗，无奈受伤严重，被压于墙体之下无法动弹。危急关头，冷锋拍摄下叛军射杀工厂工人的影像，并实时发送至海军舰队。在获得联合国的许可后，舰队收到上级命令：同意发射导弹；舰队领命，击中叛军坦克群。最终，冷锋挥舞着五星红旗穿过冲突地区，带领中国公民到达联合国安全区。

三、附录

（一）纪录片

1.《面对面·跨国撤离中的外交官》，2011。

2.《军事纪实·祖国的拥抱：中国海军也门撤离中外公民纪实》，2015。

（二）电影

1.《撤离科威特》（*Airlift*），2016。

2. 《恩德培行动》(*Operation Entebbe*),1976。

3. 《拉哈特行动》(*Operation Raahat*),2017(金砖国家电影节开幕式影片)。

4. 《太阳泪》(*Tears of the Sun*),2003。

5. 《逃离德黑兰》(*Argo*),2012。

案例使用说明

一、教学目的与用途

（一）本案例主要适用于外交决策分析的案例教学，适用对象为国际政治及外交学专业本科生、硕士研究生，以及对外交决策相关知识感兴趣的学习者，也可用作《战狼 2》的阅读参考资料。

（二）本案例的教学目的在于通过对电影《战狼 2》内容的分析，借助海外撤侨这一主题，总结影片中体现出的外交决策过程，然后运用相关知识具体解释影片中对应的典型事件，加深学习者对这些理论知识的认识、理解和实际运用。

二、启发性思考题

（一）电影《战狼 2》讲述了什么内容？

（二）《战狼 2》以中国海外撤侨为基础，如何展现外交决策全过程？

（三）思考如何利用外交决策的框架分析剧情。

（四）思考该分析框架如何应用于现实案例的阐释。

三、分析思路

本案例的研究基于外交决策的各个阶段，并结合电影《战狼 2》的内容展开。

在案例分析过程中，首先引导学生观看电影《战狼 2》，概括电影主要的故事情节，再提取出对应的真实事件，通过查阅资料总结该事件的产生、发展、结果及影响，让学生对影片讲述的内容和背景有全面的了解。

其次,要求学生从已经概括出的故事情节中,结合相关资料,总结体现的理论知识。

最后,指导学生分析决策过程所涉及的理论知识,运用其具体解释影片中对应的典型事件,并探究外交战略的各个阶段在现实中是如何体现的。

四、理论依据与分析

(一) 理论依据

决策是国际战略从评估到实施的重要一环。根据《外交决策的理论与实践》一文的界定,决策结构是一种组织决策过程的方式,涉及体制框架和程序,以及内部辩论过程的动态。[①] 唐世平与王凯认为,国际战略实施过程一般可以归纳为以下四个阶段——战略评估、战略决策、战略动员和战略执行。《战狼 2》中的撤侨行动能够较为完整地体现出外交决策从提出到落实的过程。在各个不同的战略阶段,主要行为体及核心关切是不同的;同时,结合案例背景,制定撤侨的决策及之后的具体执行也体现了中国特色。

第一阶段是战略评估,一般而言,国家层面战略行为的评估是由国家的情报收集和评估系统相关机构和部门触发和推动的,而身处一线的机构与个人往往也充当了重要的情报收集的角色。[②]

在第二阶段战略决策中,国家的决策机构和部门是主体,但在现实决策中,根据战略涉及的领域和时间紧迫程度的不同,也会有其他参与决策的行为体出现,如智库等。需要注意的是,部委与研究机构等可以为中央决策部门提供信息,但这些部门与机构并非外交决策的

---

① Renshon, Jonathan, and Stanley A. Renshon, "The Theory and Practice of Foreign Policy Decision Making," *Political Psychology* 29(4), 2008, p.518.

② 唐世平、王凯主编:《历史中的战略行为:一个战略思维教程》,北京大学出版社,2015,第 11—12 页。

直接参与者。① 刘畅指出，中国外交决策模式具体而言是一种"核心—外围"的联动模式。其中，党的领导人或领导集体是掌握中国外交政策的最终决策权的核心，而其他参与者，包括党内的一些参与决策的部门、政府系统具有外事职能的部委以及跨部门的协调机构，以及体制内外的智库、学术界、媒体等，则围绕在核心主体外围，进行决策的智力支持，以及具体的执行和动员——"二者之间形成有机的双向互动"②。在实际操作中，中国特色的外交决策机制也体现在，外交战略有时也是在中共中央外事工作领导小组及其办公室的决策组织机制下，秉持"党政协调"的原则进行的。

第三阶段是战略动员，这一阶段的行为主体是国家的官僚体制，肩负着动员的具体任务，而战略动员的客体则是一些重要的战略物质资源和人力资源，例如武器、钢铁、石油、粮食以及军事人员等。③ 在这一阶段，国家通过动员国内外的物力及人力等战略资源，为之后的战略执行做准备。因此，具体到撤侨行动，则一般是由外交部和驻地使领馆负责，但作为一项综合性的系统工程，撤侨常常涉及国内众多部门。现今，撤侨行动更加强调从中央到地方、从政府到企业的多层级、跨领域的部门协作。协调的效率与质量事关撤侨工作的成效，内部协调沟通向来是撤侨工作组关注的重中之重。然而，实际的战略动员远比想象中的复杂，譬如当形势危急或他国政府已丧失或半丧失控制局面的能力时，当地社会将变成一种无政府的状态；又或者在未得到联合国授权的情况下，中国军事力量无法进入他国境内执行战略时，个体或社会力量也可能成为战略动员的主体。他们一方面自下而上地推进战略各阶段的进行，另一方面临时充当动员者的角色，促使

① 宋志艳：《中国外交决策机制研究》，博士学位论文，中共中央党校，2017，第 89 页。

② 刘畅：《中国的外交危机决策机制与过程分析——以 1999 年"炸馆"事件为例》，《国际关系研究》2018 年第 2 期，第 79—108 页。

③ 唐世平、王凯主编：《历史中的战略行为：一个战略思维教程》，北京大学出版社，2015，第 27 页。

这一战略能够顺利执行,从而起到反向动员的作用。

最后在战略执行阶段,主体多样化是该阶段的显著特点之一,国家的官僚体制、驻外使领馆乃至非体制内的个人都可能是战略的具体执行者。在这一阶段,一般情况下,国务院各部委起到执行中央决策、进行战略部署的作用——例如隶属于国务院的外交部是政府机构,其主要职能之一便是"研究分析政治、经济、文化、安全等领域外交工作的重大问题,为党中央、国务院制定外交战略和方针政策提出建议……负责协调处置境外涉我突发事件,保护境外中国公民和机构的合法权益,参与处置境内涉外突发事件"①。然而,在一些特殊情况下,例如本影像中展现的,联合国授权还未下达时,中方的武装力量若进入他国境内执行战略任务是不合法的。在类似这样的紧急情况下,身处当地的个人及社会团体便成为战略执行阶段初期的主要行为体。他们一方面秉持着与中方相同的战略目的,能够团结当地可以团结的力量,带领当地华人华侨撤离冲突区域;另一方面,个人及团体在执行战略过程中与中方支援力量的配合,也为战略执行阶段的后半程提供了便利。

总而言之,驻外使领馆和当地个人与社会团体在战略评估阶段起到了重要的收集和提供情报的作用。此外,从整个战略决策阶段看,虽然外交机构在撤侨的过程起到了相当重要的作用,但外交决策的核心并不是外交机构的最高领导层,而是国家的决策层,这凸显了"核心—外围"的中国特色决策机制。最后,从战略动员与执行阶段来看,在撤侨过程中,各外交相关部门起主导作用并负责具体实施外,个人及当地社会力量在危急时刻也发挥了重要的过渡与沟通的作用。

(二)影像中各战略阶段分析

回归影像,冷锋个人显然是整个撤侨战略中的关键。在叛乱发生

---

① 详见中华人民共和国外交部主要职责,外交部官网,https://www.fmprc.gov.cn/web/wjb_673085/zyzz_673087/,最后登录时间:2022年3月20日。

之初,冷锋凭借着优秀的身体素质和丰富的实战经验,营救出不少华人华侨。在获得大使及舰长的授权后,特种兵出身的冷锋只身重返战区,虽然他在面对拉曼拉病毒和当地叛军等威胁时,力量稍显单薄,无法保全躲藏在工厂里所有工人的安全,但强大的使命感和身为中国人的责任感还是让他拼尽全力,与工厂老板卓亦凡和保安队长何建国一同迎战雇佣兵,尽力保障工人的安全。他在处于劣势、被压于墙体下时,记录和实时传输出的当地叛军对中国公民虐杀的影像以及人员被困地点,成为之后舰长能够精准进行火力打击的关键,也为中方进行军事介入提供了合理正当的依据。

具体而言,在战略评估阶段,使领馆初步做出评估及决策,中国政府在国家外交机构调研的基础上,从"以人为本""外交为民"的指导方针出发,对当地形势进行研判,做出及时评估。① 国内能对在非洲某国爆发的叛乱战争做出迅速反应,说明战略评估的主要行为体——情报收集(中国驻该国大使馆)和评估(国内危机评估部门)系统都各尽其责。它们在危机爆发前和加剧时,分别能及时启动预警机制,与各部门高效沟通,从而对撤侨的进程产生积极影响。

在战略决策阶段,各方果断做出将战区内所有中国人全部撤离的决策。由于陈博士及 47 名中国公民仍被困于战区,且事发突然,尚未经过联合国批准,中国的作战人员不能进入作战区,在了解到该国叛军与政府军暂时并未对中国侨民与同胞造成伤害后,政府做出决策——派一个人完成撤侨任务。冷锋是特种兵出身,身体素质及对国家的忠诚值得信任,所以舰长做出决策,让冷锋进入交战区完成撤侨任务。后来陈博士被杀害,为了更多公民的生命安全,冷锋需要在尽可能短的时间内营救 47 名被困中国公民。中国迅速做出撤侨决策也说明,在该国领导人被杀害之前,外交部和驻地使领馆就已经开始密

---

① 《王毅谈中国特色大国外交》,外交部官网,https://www.fmprc.gov.cn/web/wjb_673085/zzjg_673183/zcyjs_673189/jbzc_673191/201306/t20130627_7597136.shtml,最后登录时间:2022 年 12 月 24 日。

切关注当地局势,做好随时撤侨的准备。当红巾军与政府军在街头混战,安全局势达到撤侨级别后,撤侨行动才正式开始。撤侨决策机制与领事保护预警应急机制的结合,有助于中国驻外使领馆在危机与突发性事件爆发之前或发生时把握时机,主动开展撤侨行动。

在战略动员阶段,中国政府果断决策后,南印度洋中国海军编队即刻得到授权以执行撤侨任务,舰长随即任命冷锋执行救援陈博士及华资工厂中国公民任务。此次撤侨行动涉及外交部、国防部、交通部等众多部门,各部门根据形势发展灵活应变、服从指挥,最终出色地完成了撤侨活动。具体在《战狼2》中,由于起初没有联合国的授权,中方作战人员不能进入交战区域。与此同时,在当地政府也无法提供帮助的情况下,舰长决定派遣冷锋前往战区执行救援任务。由于冷锋本人主动请缨,因此这里可以视为一次自下而上的反向动员。在这个过程中,行为主体从决策层、执行层转向了权力外层,由部门、机构转为个体。冷锋在营救过程中目睹中国公民被叛军屠杀,他意识到需要向战区外传送工人被困地点及叛军屠杀侨民的证据,因此他首先将资料传输给执行层的舰长与大使,后者又将影像上传至中央与联合国。在这一反向动员中,由于冷锋自下而上的影像信息传递,原本无进行武力支援许可的中方舰队获得了联合国的授权,从而推动了后一阶段营救战略的执行。

前三阶段的及时跟进促成了战略执行的最终成功。作为原特种兵的冷锋,作战能力强,能够随机应变,出色地化解了各种问题;同时,他也能够实时反馈信息给上级,让国内及时做出战略调整,两方配合,最终完成撤侨行动。(见图8-3)

(三)案例特性分析

在影片中,驻外机构及一线执行人员在应对危机时的行动起到了决定性的作用。一方面,在《战狼2》中,樊大使所代表的中国驻外使馆为中国公民提供保护,带领其顺利登上舰船,这是驻外机构海外领事保护的真实写照。另一方面,以冷锋、卓亦凡、何建国以及瑞秋医生为

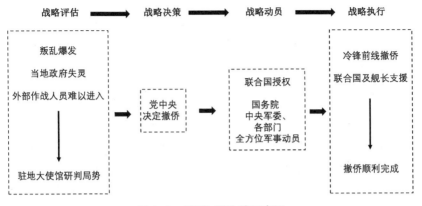

图 8-3 《战狼 2》决策示意图

代表的个人在中方支援还未到位的阶段,尽力保护当地的华人华侨。虽然《战狼 2》存在一定的艺术加工,凸显了个人在危机中的价值与作用,但不可否认的是,影像将危机中的个人这一议题带入了大众视野。自 20 世纪 90 年代开始,隶属于领事保护范畴的撤侨行动就已经展现出了多行为体参与的特点,这不仅见诸中国的撤侨行动,也存在于其他国家的领事保护行动中。

首先,如上文分析,本案例的特殊之处在于决策的具体实施是"双轨"进行。从理论的角度看,事件发生时,决策者或团体接收与之相关的信息并将其放大,如果有足够的证据能够用于推演以供解释,并且还有其他替代解释,则会做出最终决策。如果在决策过程中,决策者或决策团体无法推演以得到可能的解释,那么决策主体将会搜索过去的事件以归纳出结论,并重复上述过程得出最终决策。[①] 一方面,冷锋在身处危机时进行了战略评估、动员及执行;另一方面,根据冷锋实时传回的一手情报,高层在已有的战略评估基础上及时研判形势、调整策略,并最终在冷锋的协助下顺利完成撤侨。

---

① Shapiro, Michael J., and G. Matthew Bonham, "Cognitive Process and Foreign Policy Decision-Making," *International studies quarterly* 17(2), 1973, pp. 147—174.

此外,值得关注的是,电影在整个决策过程中还展现了其他重要的因素,它们共同促成了这次撤侨行动的成功。在机构层面上,《战狼2》中的撤侨行动的成功是基于党和国家领导人自上而下的统一部署,外交部、交通部以及国防部等各部委连同驻在国使馆的协调合作。同时,撤侨的成功也离不开与当地个人及团体、企业及时获得联系,以及海上军舰在最后紧要关头提供及时的火力支援。中国政府、外交部、驻外使领馆、企业、地方政府之间联系紧密,形成了一张高效沟通的网络;撤侨机制在此基础上形成以中央政府为中心的内部协调机制,相关机构和部门各司其职,及时沟通协调,共同配合完成撤侨任务。在个人层面上,战区内的冷锋、卓亦凡、何建国以及瑞秋医生等人的通力合作,也自下而上地推动了整个撤侨战略的发展,成为不可忽视的另一重要因素。

总体而言,电影《战狼2》借助海外撤侨的事件,在表现"战狼"爱国与勇毅的同时,也展现其背后祖国的力量。电影中,冷锋在执行撤侨的各项决策中均体现了下级对上级命令的绝对服从,这些影像语言的渲染体现出了"战狼"身上不屈的使命感。

五、关键要点

(一)对电影《战狼2》的剧情和背景知识要有全面的了解。

(二)对外交决策要有全面牢固的掌握。

(三)将电影《战狼2》讲述的故事与相应的理论知识结合起来,进行全面分析。

(四)根据对本案例的分析,探讨其现实意义。

六、建议课堂计划

(一)课前计划

1. 请学生在课前完整观看电影《战狼2》,并通过查阅相关资料对该影片有一个完整的认识和评价。

2. 阅读外交决策相关文献材料，对影片中涉及的外交决策过程和机制有较全面的掌握。

3. 在班级学生中组织案例研究制作团队，团队根据需要选定数名同学进行影像案例展示准备，其他学生进行案例及教材研读。

（二）课中计划

1. 任课教师介绍课堂计划与安排，简单引出电影《战狼2》。（5分钟）

2. 请案例研究团队进行影像案例分析展示。（20分钟）

3. 请同学们根据在每个团队影像案例展示过程中产生的疑问进行简单讨论和提问，相关团队人员代表予以精简回答。（10分钟）

4. 任课教师针对每个团队的影像案例展示内容，对团队成员和在座同学进行引导式提问。被提问团队和在座同学经过小组讨论后，请代表解答。（25分钟）

5. 任课教师对每个团队的影像案例展示成果进行评论，对相关问题的讨论进行总结，并提出改进建议。（10分钟）

6. 结合影像案例，任课教师进行相关外交决策知识的讲授。（15分钟）

（三）课后计划

1. 根据教师在课堂上的总结、评价和改进建议，影像案例展示团队修改完善影像资料。

2. 未参与影像案例制作的同学根据影像案例展示的内容和讲授的有关外交决策的知识，结合当今国际关系热点，进行影像案例制作，并依据相关资料，着眼案例背后的真实事件，分析原因。

3. 任课教师要求全体同学阅读参考文献中列出的相关资料。

七、参考文献

1. 本书编委会编：《祖国在你身后：中国海外领事保护案件实录》，江苏人民出版社，2017。

2. 何建明：《国家——2011·中国外交史上的空前行动》，作家出版社，2012。

3. 谌华侨主编：《海外紧急避险研究：典型问题与影像案例》，人民日报出版社，2019。

4. 唐世平、王凯主编：《历史中的战略行为：一个战略思维教程》，北京大学出版社，2015。

5. 本书编委会编：《外交官在行动——我亲历的中国公民海外救助》，江苏人民出版社，2015。

6. 张兵、梁宝山主编：《紧急护侨：中国外交官领事保护纪实》，新华出版社，2010。

7.《中国领事工作》编写组编：《中国领事工作》，世界知识出版社，2014。

8. 葛军：《东帝汶撤侨："第一号领事保护事件"》，《世界知识》2006 年第 12 期。

9. 阚道远：《试论中国人本外交的新发展——利比亚撤侨的实践与启示》，《学术探索》2011 年第 3 期。

10. 黎海波：《论中国领事保护的运作机制及发展趋势——以撤离滞泰游客为例的比较与探讨》，《八桂侨刊》2010 年第 4 期。

11. 刘畅：《中国的外交危机决策机制与过程分析——以 1999 年"炸馆"事件为例》，《国际关系研究》2018 年第 2 期。

12. 任正红：《中国也门撤离行动的"领事保护"属性》，《世界知识》2015 年第 9 期。

13. 张历历：《中国全力从利比亚大撤侨分析》，《当代世界》2011 年第 4 期。

14. 宋志艳：《中国外交决策机制研究》，博士学位论文，中共中央党校，2017。

15. Renshon, Jonathan, and Stanley A. Renshon, "The Theory and Practice of Foreign Policy Decision Making," *Political*

Psychology 29(4)，2008.

16. Shapiro，Michael J.，and G. Matthew Bonham，"Cognitive Process and Foreign Policy Decision-Making," *International studies quarterly* 17(2)，1973.

9

《红海行动》：
海外营救及撤侨战略决策的执行

刘雪君*

摘　要: 本案例选取《红海行动》为研究对象。该电影主要讲述了中国成功进行海上救援、撤离侨民、解救人质的决策及行动过程,尤其突出展现了救援战略的执行阶段。本案例旨在通过对影片内容的分析,运用外交战略研究的理论知识解释影片对应的故事内容,连同《战狼2》案例,为案例课程提供一套基于影像且可操作的分析框架,加强学生对外交决策的理解。本案例主要适用于国际战略相关课程的案例教学,适用对象为国际政治和外交学等相关专业的本科生和硕士研究生。

关键词: 海外领保;中国特色;战略阶段;战略执行

案 例 正 文

一、影片概述

(一) 创作背景

《红海行动》根据 2015 年也门撤侨真实事件改编,并采用 3D 技术

---

*　刘雪君,女,香港城市大学公共及国际事务学系。

呈现出更加震撼的视听冲击。除了以往相关题材电影中展现的海外撤侨和人质解救外，本片还涉及恐怖组织、核原料走私等议题，在丰富了影片叙事的同时，也还原了更加真实且复杂的海外领事保护现状。电影以蛟龙突击队为主要对象，讲述了相关行为体在危机情境下的紧密互动，通过海上救援、侨民撤离及人质营救三个环节，展现了战略从决策到实施的整个过程。

（二）基本信息

《红海行动》（*Operation Red Sea*）上映于 2018 年 2 月 16 日，是一部由林超贤导演，冯骥、陈珠珠、林明杰编剧，张译、黄景瑜、海清、杜江、蒋璐霞等主演的剧情动作片。《红海行动》自 2018 年年初上映后，斩获多项电影节奖项，如第 34 届大众电影百花奖最佳影片、最佳导演，第 17 届华表奖优秀故事片奖、优秀导演奖，第 32 届金鸡奖最佳导演奖等。[①]

（三）人物关系

如图 9-1 所示。

《红海行动》中，临沂号舰长和政委指挥的八人蛟龙突击队先后执行了三次保护中国公民的任务——分别为海上救援、侨民撤离及人质营救。在应对海盗劫持中国商船时，蛟龙突击队虽成功完成任务，但队员罗星身负重伤，由顾顺代替。之后，在搜寻和撤离驻伊维亚共和国的何清流领事、中国侨民以及人质的过程中，作为战地记者的法籍华人夏楠为蛟龙突击队提供帮助，一同对抗当地叛军及恐怖组织。最后，恐怖组织对临沂舰实施正面突袭，我方奋起回击。

---

① 《第十七届中国电影华表奖 10 部影片获优秀故事片奖》，人民网，http://ent. people. com. cn/n1/2018/1209/c1012-30451724. html，最后登录时间：2023 年 1 月 2 日。《第 32 届中国电影金鸡奖揭晓｜林超贤凭借〈红海行动〉获得最佳导演奖》，人民网，http://ent. people. com. cn/n1/2019/1124/c1012-31471079. html，最后登录时间：2023 年 1 月 2 日。

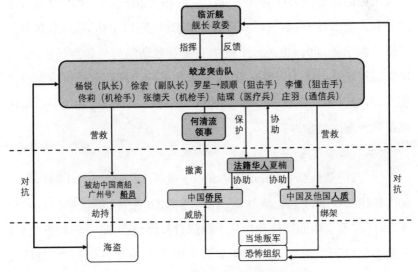

图 9-1 《红海行动》主要人物关系图

二、剧情介绍

如图 9-2 所示。

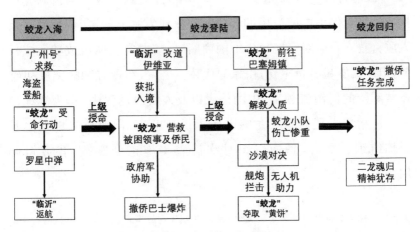

图 9-2 《红海行动》剧情介绍

《红海行动》从蛟龙突击队的视角，主要展现了一场自上而下保护中国公民的撤侨行动。故事以亚丁湾外海上中国商船发出求救信号开始，海盗登上"广州号"劫持了船员。蛟龙突击队接到命令后，先炸毁了商船的主轴液压装置，逼停该船，之后登船营救 15 名中国人质。在此过程中，小队成员之一罗星中弹，临沂舰返航。

　　折返途中，舰长接到上级指示，伊维亚共和国发生内战，临沂舰需调转方向，执行撤侨任务。先前已有三批中国侨民抵达港口，但伊维亚政府无力援救被恐怖分子扎卡逼进工厂的何清流领事及最后一批中国侨民，故蛟龙突击队在收到命令后，进入该国。由于直升机无法进入，在政府军的协助下，蛟龙小队只能护送载有侨民的巴士前往奥哈法港口；但在途中巴士爆炸，该批侨民伤亡严重。

　　蛟龙突击队队长此时接到上级命令，中国人质邓梅被困于巴塞姆镇的恐怖分子人质营，需继续开始营救行动。夏楠的经历及恐怖分子对其助理的"斩首"行径让蛟龙小队决定不仅营救中国公民，也将其他人质一并救出。整个过程中，蛟龙突击队两名队员牺牲，多人受伤。在最后与恐怖分子的沙漠对决中，恐怖组织发射导弹袭击我方舰船，临沂舰副炮拦截，主炮打击，并在上级的批准下派出无人机，将其全部歼灭。蛟龙突击队夺取"黄饼"，至此完成整个撤侨行动。①

三、附录

（一）纪录片

　　1.《军事纪实·祖国的拥抱：中国海军也门撤离中外公民纪实》，2015。

（二）电影

　　1.《撤离科威特》（*Airlift*），2016。

---

　　①　作者曾以该影像及《战狼 2》为案例，从安全教育视角出发，作有《〈红海行动〉与〈战狼 2〉：中国特色撤侨中的机构与个人》一文，详见谌华侨主编《海外紧急避险研究：典型问题与影像案例》，人民日报出版社，2018，第 79—92 页。

2.《战狼 2》(*Wolf Warrior* 2),2017。

3.《逃离德黑兰》(*Argo*),2012。

(三) 图书

1. 何建明：《国家：2011 中国外交史上的空前行动》,作家出版社,2012。

2.《外交官在行动：我亲历的中国公民海外救助》编委会编：《外交官在行动：我亲历的中国公民海外救助》,江苏人民出版社,2015。

3. 张兵、梁宝山主编：《紧急护侨：中国外交官领事保护纪实》,新华出版社,2010。

4.《中国领事工作》编写组编：《中国领事工作》,世界知识出版社,2014。

案例使用说明

一、教学目的与用途

（一）本案例主要适用于外交战略研究的案例教学，适用对象为国际政治和外交学专业的本科生、硕士研究生以及对外交战略相关知识感兴趣的学习者，也可用作电影《红海行动》的参考资料。

（二）本案例的教学目的在于通过对电影《红海行动》内容的研究分析，总结影片中体现出的外交战略体系，然后运用这些理论知识具体解释影片中对应的典型事件，加深学习者对这些知识的认识、理解和实际运用。

二、启发性思考题

（一）电影《红海行动》讲述了什么内容？

（二）《红海行动》是如何通过海上救援、撤侨行动及人质营救这三个行动，展现中国外交战略的完整过程的？

（三）思考如何利用外交战略体系的框架分析剧情。

（四）思考该解释框架如何应用于对现实案例的阐释。

三、分析思路

本案例的研究基于国际战略的四个阶段，并结合电影《红海行动》的内容展开。

在案例分析过程中，首先引导学生观看电影《红海行动》，概括电影主要讲述的故事情节，再提取出对应的真实事件，通过查阅资料总结该事件的产生、发展、结果及影响，让学生对影片讲述的内容和背景有全面和深刻的了解。

其次,要求学生从已经概括出的故事情节中,结合相关资料,总结出相关理论知识。

最后,指导学生研究分析相关理论知识,运用其具体解释影片中对应的典型事件,并探究外交战略的各个阶段该如何在现实中体现。

四、理论依据与分析

与《战狼2》相比,《红海行动》除了同样体现了四个战略阶段——战略评估、战略决策、战略动员和战略执行,更加凸显了战略决策的具体执行。

(一)理论依据

理性选择理论(Rational Choice Making)是各项战略决策理论的前提,它认为决策是有目的的,决策者或团体在选择方面最大限度地发挥效用。然而,理性选择理论更擅长解释决策结果而非外交决策的过程。理性行为者决策模型假设所有外交决策者本质上都是相同的,每个国家的决策过程涉及每个单一行为者做出的所有决策,最重要的是他们做出理性的选择。与之相关的战略决策理论是控制论(Cybernetic Theory)和前景理论(Prospect Theory),前者在理性选择的效用最大化的前提下,认为决策者的理性是有限的,个人在理性最大化下处理各种需求和认知。后者反驳了理性选择理论的假定,并假设决策者不是从绝对的角度来评估损益,而是根据参考点(Reference point)来评估损益。同样,组织过程模型(Organizational Process Model)和官僚政治模型(Bureaucratic Politics)都认为群体在理性选择理论的各个方面都是不能理性的。①

① Redd, Steven B., and Alex Mintz, "Policy Perspectives on National Security and Foreign Policy Decision Making," *Policy Studies Journal* 41, 2013, S11-37; Hussain, Zaara Zain, "The Effect of Domestic Politics on Foreign Policy Decision Making," *E-International Relations* 7, 2011, https://www.e-ir.info/2011/02/07/the-effect-of-domestic-politics-on-foreign-policy-decision-making/,最后登录时间:2023年2月11日。

在国际战略前三个阶段中,中央外事工作领导小组负责外交事务的决策和协调。作为非常设机构,小组只有在需要的时候才会进行外交决策或协调工作。2000 年,中央又设立了中央国家安全领导小组,与中央外事工作领导小组合署办公。2018 年 3 月,中共中央印发了《深化党和国家机构改革方案》,其中将中央外事工作领导小组改为中央外事工作委员会(简称"中央外办")。中央外办是中央外事领导小组、中央国家安全领导小组、中央海洋权益工作领导小组的常设办事机构。① 此外,外交部在 2008 年成立了外交政策咨询委员会,其主要职能是就国际形势和外交工作提供咨询意见。② 张骥指出,国务院还设有跨部门协调机制,涉及海外利益保护及涉外危机管理的机构就包括涉外紧急突发事件协调小组,以及境外中国公民的机构安全保护工作部际联席会议。与此同时,军队系统也设立有中央军委战略规划咨询委员会、全军外事工作专家咨询小组等。③

　　(二) 影像中的战略阶段分析

　　与《战狼 2》中体现的中国特色决策机制一样,《红海行动》也体现了"核心—外围"的危机决策模式,即由党的核心决策层统揽全局,各部门相互协调执行。在《红海行动》中,伊维亚发生政变,局势动荡,在这种危急情况下,中国驻伊领事馆向上级求助,中央决策层经过商议,下达命令,临沂舰就近执行救援任务,舰长派出蛟龙突击队前往前线。这个过程体现了在战略执行阶段,国家的官僚体制和具体的执行人员是主要行为体,而国家决策层的支持以及情报系统的反馈也十分重要。

　　对于前三个战略阶段,首先在战略评估时,当驻在国发生叛乱时,驻地使馆及时收集情报信息,并上报外交部。外交部、涉紧急突发事

---

　　① 张骥:《中国外交决策的基本过程》,《东方早报》2013 年 3 月 18 日,A14 版。

　　② 《外交部外交政策咨询委员会简介》,外交部外交政策咨询委员会,http://fpag. fmprc. gov. cn/zwhjj/,最后登录时间:2022 年 3 月 20 日。

　　③ 同①。

件协调小组与国内其他相关部门在此基础上对形势进行研判。之后在战略决策阶段,上述部门制定初步营救方案,并提交国务院等待批示。在这一阶段中,党中央发挥了重要的作用,主要体现在完善和确认最终的战略决策——中共中央委员会、中共中央政治局及常委会共同参与,并与相关工作领导小组配合,最后向各级政府转达决策。到了第三阶段的战略动员,海军总司令部在接到中央军委的决策命令后,在总参谋部的协助下开始进行人员、物资及军事力量的动员。与前三个阶段相比,战略执行是指国家利用已经动员的资源,实施既定战略。① 这一阶段是国家战略行为的最终体现。影响战略执行的核心因素是政体类型和官僚体制的有效性,而精英凝聚力、社会凝聚力和国家的学习能力则是重要因素。② 值得注意的是,在外交战略执行的过程中,具体的实施需要根据当时的情况、各方力量的动态变化以及各方信息的反馈,及时做出灵活的调整。与此同时,与第三阶段的战略动员类似,战略执行的方式和结果受到信息在官僚体制内传达的效率以及执行地条件的限制。

联系影像内容对战略执行阶段进行分析,《红海行动》在刻画该阶段时展现了蛟龙突击队进行的海上救援、撤离侨民以及营救人质三项任务,其中撤侨及营救人质的过程较为完整地展现了突击队队员之间的配合。在成功解救中国商船“广州号”上的船员之后,蛟龙突击队接到上级命令,改道伊维亚。影片在这一阶段安排的主要任务是撤侨,在对危机形势进行评估后,中国决定与伊政府合作,伊政府允许蛟龙突击队入境并为之提供交通支持,撤侨任务完成后,蛟龙突击队分组执行任务,一队继续实施救援,二队留守车队、护送侨民回港。之后,记者夏楠提供情报,蛟龙突击队一队为了营救一名中国人质前往小

---

① 封帅、周亦奇:《人工智能时代国家战略行为的模式变迁:走向数据与算法的竞争》,《国际展望》2018 年第 4 期,第 37 页。

② 唐世平、王凯主编:《历史中的战略行为:一个战略思维教程》,北京大学出版社,2015,第 27 页。

镇,一队队长同意夏楠与人质互换,并制定救援计划,各成员协调配合救援,同时伊政府也为救援小队提供了撤退点。在形势危急时,舰长下令开炮,帮助蛟龙突击队完成了任务。

影像明显体现了团队战略执行的合作特性,具体包括我国与伊政府的合作,蛟龙突击队一队与二队的合作,蛟龙突击队一队内部成员的合作,军舰与蛟龙队的合作,以及记者夏楠与一队的合作。

上述阶段性影像分析可归纳为如图9-3所示的四个阶段:

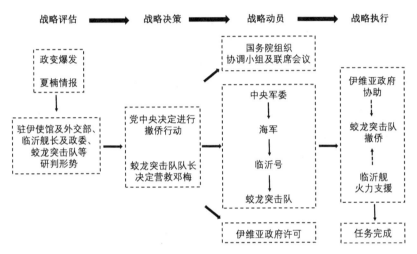

图 9-3 《红海行动》战略各阶段示意图

(三) 案例特性分析

中国对外战略的最高决策权在中央,并实行"集体决策、分工负责"的原则,各部门各层级相互协调配合,因此中国拥有一个高效迅速、合作无间的官僚集团,这能够保证战略执行的成功。影片中,当伊维亚发生政变,我国公民有危险时,情报系统迅速向上级反馈信息,中央及时审慎做出决策,积极进行战略动员,而蛟龙队及舰长等负责战略执行,最终成功完成了任务,这体现出官僚体制的有效性对战略执行的影响尤为巨大。

战略执行是国家战略行为的最终表现,团队战略执行会受外部环境与内部环境的影响。在该影片中的外部环境是伊政府政变,政府军无法全力支援,所以伊政府允许蛟龙队入境救人,并提供交通支持等——这是由外部环境造成的团队战略执行合作的表现。内部环境是蛟龙突击队一队与二队分别执行任务——对蛟龙突击队一队来说,当时的形势十分严峻,一队成员各有所长,再加上夏楠有着语言优势等因素,这些是由内部环境造成的队与队之间、队员内部、小队与夏楠之间以及一队与军舰之间的团队战略执行合作。

此外,《红海行动》凸显了下级对上级命令的绝对服从——"授权"行为也有多处体现,包括进入他国境内,对侵犯者实施武力打击以及联合国的授权等。《红海行动》的相关情节主要也是通过上级对下级的命令下达推进的。从影片最开始的中国商船营救,到之后的侨民及人质搜寻——蛟龙突击队的每一步行动均按照舰长的指挥进行。另一方面,从临沂舰舰长及政委的视角出发,其下达的命令也是由上级部署,例如在成功援救"广州号"后的返航途中,舰长接到命令更改航线前往伊维亚共和国进行撤侨行动;以及在影片最后临沂舰获得授权,对恐怖分子实施导弹及无人机打击等。

人员搜寻是撤侨的先导环节,也同时是一项需要动用各方力量和资源的大规模行动,除了外交手段外,还需要重视人员物资的配备和行动的及时性——这些都表明了中国政府这一行为体在该环节中的必要性。从国家利益的角度分析,海外中国公民的生命安全是国家利益的延伸,而维护国家利益,调配人力物力资源最有效的行为体即政府。人员的撤离在整个撤侨环节中,难度不亚于人员搜寻,这对政府及一线行动人员的统筹能力考验巨大。《红海行动》中,临沂舰对蛟龙突击队远程指挥授命,蛟龙小队则负责具体的营救及撤离。整个过程中,自上而下形成合力,在保证中国公民最大限度安全撤离的同时,灵活调整战略方案,配合火力打击及资源调动,从而完成整个撤侨任务。《红海行动》中,何清流领事所代表的中国驻伊维亚共和国领事馆,在应对危机时沉着冷静,有条不紊地组织中国公民离开战区,在最后一批侨民的撤离过程中发挥了重要作用。

最后,影像中抽象的驻外机构由具体人物塑造。《红海行动》中的何清流领事即中国驻伊维亚共和国领事馆的具象体现。电影里,何领事在馆舍内组织最后一批侨民上车离开,前往港口。伊维亚政府军的协助开道,但叛军袭击了政府军的装甲车,领事馆巴士被逼进战区。何清流领事带领侨民下车,进入废旧工厂躲避,并与临沂舰联系;领事馆武装力量直面叛军,保护侨民安全,但也有不少军人在交火中牺牲。类似具象化的情节还包括法籍华人夏楠直接通过中国外交部领事保护热线12308向中国方面提供关键的人质线索等。

驻外机构往往在应对危机时处于第一线,使领馆工作人员以及深入冲突地区开展行动的人员则需面临最危险、最紧急、最复杂的形势。《红海行动》中突出了蛟龙突击小队的作用,一方面,出于剧情的需要,影像塑造了这一执行集体,有别于之前的《战狼2》中冷锋的个人形象;另一方面,与上级信息沟通与反馈的通畅程度,以及授权的限度也是决定执行人员行动效果的重要因素。

五、关键要点

(一)对电影《红海行动》的剧情和背景知识要有全面的了解。

(二)对外交决策体系的相关知识要有全面牢固的掌握。

(三)将电影《红海行动》讲述的故事与相应的理论知识结合起来,进行全面分析。

(四)基于对本案例的分析,探讨其现实意义。

六、建议课堂计划

(一)课前计划

1. 请学生在课前完整观看电影《红海行动》,并通过查阅相关资料对影片有一个完整的认识和评价。

2. 阅读外交战略阶段的相关材料,对影片中涉及的四个战略阶段有较全面的掌握。

3. 在班级学生中组织案例研究制作团队,每个团队根据需要选定数名同学进行影像案例展示准备。

（二）课中计划

1. 任课教师介绍课堂计划与安排,简单引出电影《红海行动》。（5分钟）

2. 请案例研究制作团队进行影像案例展示。（20分钟）

3. 请同学们根据在每个团队影像案例展示过程中产生的疑问进行简单讨论和提问,相关团队人员代表予以精简回答。（10分钟）

4. 任课教师针对每个团队的影像案例展示内容,对团队成员和在座同学进行引导式提问。被提问团队和在座同学经过小组讨论后,请代表解答。（25分钟）

5. 任课教师对每个团队的影像案例展示成果进行评论,对相关问题的讨论进行总结,并提出改进建议。（10分钟）

6. 结合影像案例,任课教师进行相关外交决策理论知识的讲授。（15分钟）

（三）课后计划

1. 要求影像案例展示团队根据任课教师在课堂上的总结、评价和改进建议,修改完善影像资料。

2. 要求没有制作影像案例资料的同学根据影像案例展示的内容和讲授的相关知识,结合当今国际关系热点,进行影像案例制作,并基于相关资料,着眼案例背后的真实事件,分析原因。

3. 任课老师要求全体同学阅读参考文献中列出的相关资料。

七、参考文献

1. 本书编委会编:《祖国在你身后:中国海外领事保护案件实录》,江苏人民出版社,2017。

2. 谌华侨主编:《海外紧急避险研究:典型问题与影像案例》,人民日报出版社，2019。

3. 唐世平、王凯主编：《历史中的战略行为：一个战略思维教程》，北京大学出版社，2015。

4. 封帅、周亦奇：《人工智能时代国家战略行为的模式变迁：走向数据与算法的竞争》，《国际展望》2018 年第 4 期。

5. 葛军：《东帝汶撤侨："第一号领事保护事件"》，《世界知识》2006 年第 12 期。

6. 阚道远：《试论中国人本外交的新发展——利比亚撤侨的实践与启示》，《学术探索》2011 年第 3 期。

7. 黎海波：《论中国领事保护的运作机制及发展趋势：以撤离滞泰游客为例的比较与探讨》，《八桂侨刊》2010 年第 4 期。

8. 卢文刚、黄小珍：《中国海外突发事件撤侨应急管理研究——以"5·13"越南打砸中资企业事件为例》，《东南亚研究》2014 年第5 期。

9. 任正红：《中国也门撤离行动的"领事保护"属性》，《世界知识》2015 年第 9 期。

10. 吴志成：《从利比亚撤侨看中国海外国家利益的保护》，《欧洲研究》2011 年第 3 期。

11. 肖晶晶、陈祥军、于广宇等：《海外撤侨应急运输特点分析》，《国防交通工程与技术》2012 年第 3 期。

12. 张历历：《中国全力从利比亚大撤侨分析》，《当代世界》2011 年第 4 期。

13. 张骥：《中国外交决策的基本过程》，《东方早报》，2013 年 3 月18 日，A14 版。

14. Hussain, Zaara Zain, "The Effect of Domestic Politics on Foreign Policy Decision Making," *E-International Relations* 7, 2011，https://www. e-ir. info/2011/02/07/the-effect-of-domestic-politics-on-foreign-policy-decision-making.

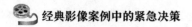 经典影像案例中的紧急决策

15. Redd, Steven B. , and Alex Mintz, "Policy Perspectives on National Security and Foreign Policy Decision Making," *Policy Studies Journal* 41, 2013, S11—37.

16. Woodman, R. E. , "Vienna Convention on Consular Relations," *American Journal of International Law*, 57(4), 1963.

10

《湄公河行动》：
湄公河国际联合执法背后的
外交战略布局

郝楠*

摘　要：本案例选取电影《湄公河行动》为研究对象。该电影主要讲述了 2011 年两艘中国商船在湄公河金三角水域遇袭后，中国政府协同老挝、缅甸和泰国政府联合行动缉捕毒枭，维护湄公河国际水道航运安全。本案例主要体现了国际战略执行阶段的知识。目的在于通过对影片内容的分析，运用战略执行理论解释影片对应的故事内容，加强学生对战略执行理论的理解。本案例适用于国际关系、外交学、东南亚研究相关专业和课程的案例教学，适用对象可为上述专业和课程的本科生、硕士研究生，也可帮助有兴趣的一般观众加深对电影《湄公河行动》的了解。

关键词：湄公河行动；金三角；战略执行；联合执法

---

* 郝楠，男，新加坡国立大学李光耀公共政策学院公共政策硕士。

案 例 正 文

一、影片概述

(一) 创作背景

2011 年 10 月 5 日,两艘中国商船"华平号"和"玉兴 8 号"在湄公河被劫持,13 名中国船员全部遇害,即"10·5 湄公河惨案"。事件发生后,中国政府向老挝、缅甸和泰国派出警务工作组展开跨国调查。2011 年 12 月,案情基本查明。2012 年 4 月,案件主凶缅甸毒枭糯康及多名犯罪团伙人员被老挝警方擒获,并于当年 5 月移交中国审理。该事件也引发中、老、缅、泰对于湄公河航道安全的重视,促成四国在案发 26 天后的 2011 年 10 月 31 日签署并发表《湄公河流域执法安全合作会议联合声明》。①

"10·5 湄公河惨案"轰动一时,引发多家电影公司的改编兴趣。2012 年底,公安部首次突破性尝试以竞标的方式选择电影制作公司。区别于传统的主旋律影片拍摄路径,博纳影业提出以 2 亿元经费,制作一部类似"美国大片"的影片,最终获得影片的改编权。博纳影业筹备 3 年多,拍摄时间 7 个月,其中外景拍摄 6 个月,广泛访谈了所有参与案件的人员,包括西双版纳公安局、云南省厅的各一线人员,以及公安部的领导。时任公安部禁毒局局长、"10·5 湄公河惨案"专案组组长刘跃进担任影片总顾问。②

---

① 《为了国家尊严和人民利益——湄公河惨案侦破始末》,中国政府网,http://www.gov.cn/jrzg/2012-09/18/content_2226873.htm,最后登录时间:2022 年 2 月 16 日。
② 王法:《于冬谈湄公河行动》,《商业观察》2017 年(Z1),第 59—62 页。宋维才:《大国意志、主流价值与商业精神——电影〈湄公河行动〉对主旋律电影创作的启示》,《当代电影》2017 年第 2 期,第 136—139 页。

（二）基本信息

《湄公河行动》是一部 2016 年上映的警匪动作电影，由博纳影业出品，林超贤编剧和执导，张涵予、彭于晏、陈宝国等出演，董玮和黄伟亮任动作指导。影片根据 2011 年金三角中国船员遇袭案真实情节改编而成。《湄公河行动》于 2015 年 9 月 13 日在泰国曼谷正式开机，于 2016 年 1 月 31 日杀青。影片取景地点包括金三角地区、马来西亚、云南和北京等。剧组曾亲自深入金三角地区毒贩腹地考察。①

（三）获奖情况

影片获得了市场和电影专业界的双重认可。于 2016 年 9 月 30 日在中国大陆上映，首日收获 3 832 万票房。由于口碑良好，本片成为了国庆档票房的大赢家，累计获得 11.84 亿元票房。

影片还获得第 36 届香港电影金像奖最佳动作设计奖、第 31 届金鸡奖最佳故事片奖。

（四）影片梗概

2011 年，两艘中国商船在湄公河金三角水域遭遇袭击，13 名中国船员全部遇难，泰国军警宣称从船上搜出 90 万颗冰毒。消息传回国内，举国震惊。为了查明真相，云南缉毒总队长高刚接受了特殊任务，率领小组进入泰国境内，与潜伏在泰国的情报员方新武碰头，联手深入金三角查案，并发现案件背后果然有着重重疑点，真正的凶手在残害无辜中国船员并嫁祸遇难船员贩毒后，不但逍遥法外，更意图利用毒品制造更大的阴谋。高刚和方新武决定，不惜一切代价也要活捉大毒枭糯康，打击毒品犯罪，为无辜遇难者讨回公道。

（五）人物关系

如表 10-1 所示。

---

① 张霆：《论现实题材主旋律电影的范式创新——以电影《湄公河行动》《战狼Ⅱ》《红海行动》为例》，《温州大学学报（社会科学版）》2021 年 34 卷第 2 期，第 58—65 页。

表 10-1　人物关系图

中国警方	
高刚	特别行动小组队长,原型为现公安部反恐专员刘跃进
方新武	缉毒情报员,原型为云南省西双版纳州公安局禁毒支队情报调研大队副大队长柯占军
郁平	公安部禁毒局局长
郝部长	公安部部长,原型为原公安部部长孟建柱
郭冰(冰冰)	缉毒小队队员
顾伟成(快译通)	缉毒小队队员,泰语翻译
谢文峰(哪吒)	缉毒小队队员
郭旭(大师)	缉毒小队队员
傅保卫(二郎)	缉毒小队队员
木星	缉毒小队队员,爆破专家
贩毒集团	
糯康	糯康贩毒集团头目
翁煞	糯康贩毒集团党羽,负责行动、保卫与打劫
依达	糯康贩毒集团党羽,负责交易
桑吉	糯康贩毒集团党羽,负责运输、洗钱
拿突	糯康贩毒集团党羽,糯康长子
宋哥	与糯康接头的泰国幕后势力代理人
沙先生	糯康代理人,原型为坤沙
皮尔	沙先生的两个代理人之一
占蓬/邢登	沙先生的两个代理人之一
岩多帕	糯康手下
朴扎	仅次于糯康的第二大贩毒集团头目
张大安	岩多帕的中国内地对接人,购买麻黄草

二、剧情介绍

如图 10-1 所示。

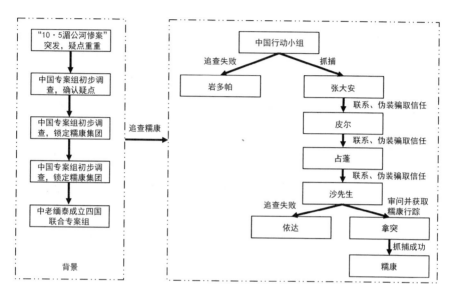

图 10-1　简明剧情图

（一）"10·5湄公河惨案"突发，疑点重重

位于缅甸、泰国和老挝三国交界处的金三角地区是全球最大的毒品生产基地之一，当地毒枭势力盘根错节，执法部门贪污腐败严重。2011 年，两艘中国商船在湄公河金三角水域遭遇袭击，13 名中国船员全部遇难，即"10·5 湄公河惨案"。泰国军警宣称从船上搜出 90 万颗冰毒，指称中国船员贩毒。泰国军警还披露其在与中国毒贩的交火中打死 1 人，其余毒贩全部逃走。然而，湄公河上陆续有浮尸被发现，且都是被反绑双手，蒙住眼睛。案情出现疑点。

中国公安部成立专案组。调查发现，包括弹道轨迹和弹痕等在内的线索存在诸多疑点，可以确认中国船员实际上是被行刑式处决。与此同时，潜伏在金三角多年的情报员方新武通过线人查获案发前两天,有一批毒品被黑吃黑,数量正好是 90 万颗。同时,方新武获知正是糯康集团的岩多帕收买了人将 90 万颗毒品藏匿在中国商船上,并栽赃中国船员贩毒。

(二) 四国联合执法,中国警方雷霆出击

中国警方锁定糯康集团,并知会老挝、缅甸与泰国,成立联合专案组。中方公安部禁毒局局长郁平担任中方总指挥,云南省厅禁毒总队的高刚担任中方的行动组组长。联合专案组全面出击,初步打击了四国境内的贩毒集团,但也导致糯康集团撤离原本据点并藏匿到金三角山区。

为抓获糯康,并将之绳之以法,高刚与潜伏在金三角多年的情报员方新武取得联络,获知糯康的手下岩多帕正被金三角的第二大毒枭朴扎关押在老挝、缅甸和泰国的三不管地带——金三角发展特区。为获取糯康的踪迹,高刚率行动小组犯险前往金三角发展特区,试图救出岩多帕,但中途遭遇前来刺杀朴扎并灭口岩多帕的翁煞一行人的截杀,导致岩多帕死亡,任务失败。方新武的线人身份也因此暴露。

调查岩多帕时,中国警方通过岩多帕购买麻黄草的中国供货人张大安联系上了皮尔。皮尔是糯康代理人沙先生的代理人。高刚假扮中国地下赌场的钱老板,要求掌握毒品货源。方新武伪装身份接近皮尔,试图引诱皮尔暴露沙先生,并掌握糯康的行踪。沙先生在过程中产生疑心,另派从中国逃出来的毒贩占蓬去试探钱老板。占蓬正是多年前害死方新武女友的毒贩邢登。不过,高刚、方新武还是成功骗取沙先生的信任,约定和糯康集团主要成员在金三角特区的中央商场进行交易。交易当天,商场外,行动小组成员通过交给毒贩的现金上的追踪器,跟踪桑吉,并发现了与桑吉接头的宋哥。宋哥发觉钱有问题,导致追踪人员暴露。商场内,占蓬回忆起方新武的警察身份。依达也接获通知,交易取消。双方发生激战,依达被捕。就在即将成功抓获受伤的占蓬与拿突之际,泰国警方赶到。行动小组不得不离开。

（三）多方调查，糯康行踪水落石出

高刚与方新武通过审问依达获知的糯康的藏匿地点，均无糯康的踪迹，他们只能试图从被泰国警方逮捕的拿突处取得进一步的线索。占蓬和拿突正在泰国警方控制下的医院中接受治疗。当两人在糯康集团内线的协助下从医院逃出时，正好遭遇前来调查的高刚与方新武。激战之际，方新武手刃仇人占蓬。拿突被捕后，供出了糯康的藏匿位置。与此同时，嚣张的糯康通过手下被毒品控制的娃娃兵，前往四国联合专案组指挥部进行自杀式爆炸袭击，导致郁平本人重伤、四国联合专案组遭遇重创。

根据拿突的供词，中国警方派遣特警接近糯康的藏匿地点，但不知宋哥在桑吉协助下，也派了一队人马前来，欲解决掉不听话的糯康，扶持桑吉上位。宋哥在关键时刻击毙一名特警队员，导致高刚等特警提前暴露。激战之际，糯康抛下营地前往后山金库，意欲卷款逃离。宋哥等人觊觎糯康的金库，尾随而来。高刚与方新武也紧追不舍。最终，高刚擒获糯康归国伏法，方新武与宋哥同归于尽。

案例使用说明

一、教学目的与用途

(一)本案例主要适用于外交战略、外交政策、国家安全、东南亚研究等课程的案例教学,适用对象为以上相关专业或课程的本科生、硕士研究生,以及对外交战略、外交政策、国家安全、东南亚研究相关知识感兴趣的学习者,也可用作电影《湄公河行动》的参考资料。

(二)本案例旨在通过对电影《湄公河行动》内容的分析,总结影片中体现出的外交战略的战略执行阶段的理论知识,然后运用这些理论知识具体解释影片中对应的典型事件,加深学习者对这些知识的认识、理解和实际运用。

二、启发思考题

(一)《湄公河行动》讲述了什么内容? 中国警方是如何发现案件有疑点的?

(二)《湄公河行动》中,中方的战略目标是什么? 战略目标是否达成?

(三)《湄公河行动》中,中方如何进行战略部署、战略实施和战略调整的?

(四) 湄公河行动是否是一次成功的战略执行? 为什么?

三、分析思路

本案例的研究是基于外交战略的战略执行阶段的理论知识,并结合电影《湄公河行动》的内容展开。

在案例分析过程中,首先引导学生观看电影《湄公河行动》并概括电影所讲述的主要故事情节,再提取出对应的真实事件,通过查阅资料总结该事件的产生、发展、结果及影响,让学生对影片讲述的内容和背景有全面和深刻的了解。

其次,要求学生从已经概括出的故事情节中,结合《洗冤伏枭录:湄公河"10·5"血案全纪实》《历史中的战略行为:一个战略思维教程》等资料,总结出相关理论知识。

最后,指导学生运用理论知识,解释影片中对应的典型事件,并探究实际运用。

四、理论依据与分析

(一)理论依据

一般情况下,完整的战略大致可以分为四个阶段,即战略评估、战略决策、战略动员与战略执行。各个阶段的行为体与侧重点均不相同。战略执行是指国家利用已经动员的战略资源,实施既定战略。战略执行是国家战略行为的最终表现,或者说是战略的行为输出。战略执行还可以细分为战略布局、战略实施和战略调整三个部分。[①]

战略布局是战略执行的初期阶段,对整个战略实施和战略目标的达成具有决定性的影响。战略布局就是通过运用战略实力控制关节点,从而形成有利战略态势的过程。战略布局可以分为很多种类,包括基于威胁的战略布局、基于能力的战略布局和基于地缘因素的战略布局。其中,基于威胁的战略布局强调根据威胁方由实力和意图构成的威胁强度来调动、分配和投送战略实力。基于威胁的强弱与调动的实力的多少,该类型的战略布局又可以细分为制衡模式和支配模式。其区别在于是制衡性还是支配性地阻止威胁方使用战略实力或制约

---

① 唐世平、王凯主编:《历史中的战略行为:一个战略思维教程》,北京大学出版社,2015,第15页。

其威胁意图的战略态势的过程。① 在战略执行阶段,良好的战略布局会让己方占据先机,进而为战略实施打好基础。战略实施是战略转变为具体国家行为的过程。然而,即使看似完美的战略规划,在实践中也可能存在诸多问题,战略实施人员则应该及时调整应对变化,以避免战略无的放矢。任何战略执行都需要战略调整,以避免战略政策脱离实际。② 战略调整则指的是在延续基本战略目标和方向的情况下,就具体的战略内容和手段进行调整。③

周边国家一直是中国外交战略的重点之一。中国周边战略的目标可以分为三个层次,即安全、福利和威望。安全层面,即保护中国公民在周边国家的人身安全;福利层面,即保护中国在周边国家的投资和资产的安全;威望层面,即保障中国公民的基本权利和尊严在周边国家得到尊重。④

改革开放以来,中国海外公民保护战略也一直在不断更新,基本形成了四个维度,即中国外交的原则性和灵活性交涉、非国家行为体介入、内在运行机制和外在实践形式的互补、磋商对话。中国海外公民保护大致经历了适应、推进和转型三个阶段。从改革开放到2004年以前是适应时期。受制于自身实力及国际影响力,该阶段的中国面对突如其来且日渐严峻的海外公民安全形势,应对行动是被动、仓促的,甚至不得不借助既有的国际制度框架来对海外公民进行保护。推进时期中的2004年是关键之年。面对日益严峻的海外公民安全形势,2004年是国家最高领导人对海外安全事件"高度重视"和"指示"最多的一年,中国通过第十次驻外使节会议确定对海外公民保护问题

① 周丕启:《论战略布局》,《世界经济与政治》2009年第6期,第21—28页。
② 唐世平、王凯主编:《历史中的战略行为:一个战略思维教程》,北京大学出版社,2015,第15页。
③ 刁大明、蔡泓宇:《竞争性对华战略调整的美方争论》,《国际政治科学》2020年5卷第4期,第115—149页。
④ 刘丰:《中国周边战略的目标、手段及其匹配》,《当代亚太》2013年第5期,第4—21页。

的定位："要增强我国海外利益保护能力"，"满腔热情地为在国外的我国公民和法人服务"。2013 年开始了转型时期。中国海外公民保护出现刚性需求，并呈井喷式增长。一方面，海外公民保护被提升到前所未有的战略高度；另一方面，在机制建设方面利用现代科学技术成果，细化推进，提升服务形象。①

（二）剧情分析

2001 年 6 月 26 日，中国、老挝、缅甸和泰国隆重庆祝了澜沧江-湄公河四国正式通航典礼，标志着四国向着"共同开发、共同受益、共同保护、共同振兴"的目标迈进。然而，航运安全保障却未能跟上经济合作的步伐。糯康集团得势后，航道安全迅速恶化。从 2007 年开始，糯康不再单一制毒、贩毒，而是抽出手下七八十名武装分子，在湄公河流域流窜，专门向来往的船只收"过路费"。2008—2012 年间，糯康武装贩毒集团涉嫌针对中国籍船只和公民实施抢劫、枪击的犯罪活动就达 28 起，致伤 3 人，致死 16 人。②

糯康之所以针对中国籍船只，是因为糯康一直很反感中国人。其原因有四：(1)2010 年 9 月，缅甸军方征用中国商船袭击糯康指挥部，糯康对此怀恨在心；(2)糯康的毒品在过境中国时曾被中国警方缴获过；(3)糯康认为，中国的商品冲击了当地的利益，湄公河上的货运，基本被中国商船主导；(4)糯康竭力抵制中国政府大力推广的"毒品替代种植"计划。

根据云南省的数据，截至 2011 年，湄公河国际航道的过往船只共有 130 艘，其中 110 艘属于中国。此外，自 20 世纪 90 年代起，我国累计投资 5 亿多人民币支持缅甸和老挝开展了大规模的"罂粟替代种植"计划，当地很多农民放弃种植罂粟。糯康认为"替代种植"是对"金

---

① 项文惠：《中国的海外公民保护——战略实施、制约因素及策略应对》，《国际展望》2017 年 9 卷第 4 期，第 87—103 页。

② 王文硕：《中老缅泰湄公河执法安全合作取得重大成果》，《人民公安报》2012 年 5 月 11 日第 1 版。

三角"地区毒品生意的釜底抽薪,从 2008 年开始,糯康就曾经流露出想要教训中国人的想法。① 电影中刻画的"10·5 湄公河惨案"正是糯康出于个人仇恨,想要借此一石二鸟:一方面教训中国人,另一方面也给与其合作的泰国军警制造邀功的机会。

保护中国公民在周边国家的人身安全,保护中国在周边国家的投资和资产的安全,保障中国公民的基本权利和尊严在周边国家得到尊重是中国周边战略的战略目标。"10·5 湄公河惨案"正发生于中国海外公民保护的推进时期,政府开始高度重视海外公民的保护。海外公民安全被普遍认为是一个国家最优先最基本的海外利益。中国政府开始调动战略资源,采取战略手段,确保战略的实施。针对澜沧江-湄公河的航道安全,中国方面一直想要促成沿岸的老挝、缅甸和泰国与中国一起联合执法,维护航道安全,但其余三国一直有所顾虑。"10·5 湄公河惨案"作为明确而清晰的安全威胁,直接促成了中国进行基于威胁的战略布局。电影中,中国首先针对案情的疑点进行了确认,并果断借此机会联合老挝、缅甸、泰国在案发 26 天后于北京签署《关于湄公河流域执法安全合作的联合声明》。这也标志着中国实现了长期想要实现的维护湄公河航道安全的战略目标。

与此同时,四国成立联合专案组,共同执法清剿金三角的贩毒集团。专案组的清剿行动取得了初步成果,但也导致糯康集团退避藏匿到山区之中。中国方面的战略目标进行了调整——活捉糯康及其党羽。以高刚为首的行动小组是战略的执行力量。电影中,高刚率领行动小组突袭糯康的营地,同时遭遇宋哥等人的伏击。激战中,糯康受伤,方新武不惜与宋哥同归于尽,高刚不惜身负重伤,都是为了确保活捉糯康,押赴国内审判。此处,电影与现实有所差异。糯康实际上是被老挝、缅甸和中国警方联合抓获。因为抓获地点在老挝,老挝对糯

① 孙广勇:《探访缅甸毒枭糯康盘踞地》,环球时报网,https://world.huanqiu.com/article/9CaKrnJvBkA,最后登录时间:2022 年 2 月 16 日。

康行使了管辖权并将其关押。随后,应中国警方的要求,糯康及其党羽被移送至中国审理。糯康的受审伏法,也标志着两艘中国商船上的13名中国公民沉冤昭雪。

五、关键要点

（一）对电影《湄公河行动》的剧情和背景知识要有全面的了解。

（二）对外交战略的战略执行理论要有全面牢固的掌握。

（三）将电影《湄公河行动》讲述的故事与相应的理论结合起来,进行全面分析。

（四）根据对本案例的分析,探讨其现实意义。

六、建议课堂计划

（一）课前计划

1. 请学生在课前完整观看电影《湄公河行动》,并通过查阅相关资料对影片有一个完整的认识和评价。

2. 阅读战略执行的相关材料,对影片《湄公河行动》中涉及的战略执行知识有较全面的掌握。

3. 在班级学生中组织案例研究制作团队,每个团队根据需要选定数名同学进行影像案例展示准备。

（二）课中计划

1. 任课教师介绍课堂计划与安排,不多赘述,简单引出电影《湄公河行动》。（5分钟）

2. 请案例研究制作团队进行影像案例展示。（20分钟）

3. 请同学们根据在每个团队影像案例展示过程中产生的疑问进行简单讨论和提问,相关团队人员代表予以精简回答。（10分钟）

4. 针对每个团队的影像案例展示内容,任课教师对团队成员和在座同学进行引导式提问。被提问团队和在座同学经过小组讨论后,请代表解答。（25分钟）

5. 任课老师对每个团队的影像案例展示成果进行评论,对相关问题的讨论进行总结,并提出改进建议。(10分钟)

6. 结合影像案例,任课教师进行相关理论知识讲授。(15分钟)

(三)课后计划

1. 要求影像案例展示团队根据老师在课堂上的总结、评价和改进建议,修改完善影像资料。

2. 要求未制作影像案例资料的同学根据影像案例展示的内容和讲授的战略执行知识,结合当今国际关系热点,进行影像案例制作,并结合相关资料,着眼案例背后的真实事件,分析原因。

3. 任课教师要求全体同学阅读参考文献中列出的相关资料。

七、参考文献

1. 唐世平、王凯主编:《历史中的战略行为:一个战略思维教程》,北京大学出版社,2015。

2. 刁大明、蔡泓宇:《竞争性对华战略调整的美方争论》,《国际政治科学》2020年5卷第4期。

3. 刘丰:《中国周边战略的目标、手段及其匹配》,《当代亚太》2013年第5期。

4. 宋维才:《大国意志、主流价值与商业精神——电影《湄公河行动》对主旋律电影创作的启示》,《当代电影》2017年第2期。

5. 孙广勇:《探访缅甸毒枭糯康盘踞地》,环球时报网,https://world.huanqiu.com/article/9CaKrnJvBkA,最后登录时间:2022年2月16日。

6. 项文惠:《中国的海外公民保护——战略实施、制约因素及策略应对》,《国际展望》2017年9卷第4期。

7. 王法:《于冬谈湄公河行动》,《商业观察》2017年(Z1)。

8. 张霆:《论现实题材主旋律电影的范式创新——以电影《湄公河行动》《战狼Ⅱ》《红海行动》为例》,《温州大学学报(社会科学版)》

2021 年 34 卷第 2 期。

9. 周丕启：《论战略布局》，《世界经济与政治》2009 年第 6 期。

10. 王文硕：《中老缅泰湄公河执法安全合作取得重大成果》，《人民公安报》2012 年 5 月 11 日第 1 版。

11.《图表：湄公河惨案大事记》，中国政府网，http://www.gov.cn/jrzg/2012-09/18/content_2227881.htm，最后登录时间：2022 年 2 月 16 日。

12.《为了国家尊严和人民利益——湄公河惨案侦破始末》，中国政府网，http://www.gov.cn/jrzg/2012-09/18/content_2226873.htm，最后登录时间：2022 年 2 月 16 日。

11

《惊爆十三天》：
危机决策中的美国政府与总统

摘　要：案例选取电影《惊爆十三天》为研究对象。影片主要讲述美国在古巴导弹危机爆发后的十三天里如何进行内部决策，与苏联进行博弈，最终成功化解危机。案例旨在用不同的决策模式分析美国政府内部如何进行决策，在同苏联的关系中如何利用核武器等手段对苏联进行威慑，从更加微观的决策者心理学层面分析两国的博弈。本文将影片具体内容与决策模式进行对应分析，意在加深对外交决策的认知。本案例主要适用于外交决策分析的案例教学，适用对象可为国际政治和外交学专业的本科生、硕士研究生。

关键词：古巴导弹危机；国家决策；大国博弈

＊　王敏，女，四川外国语大学国际关系学院。

案 例 正 文

一、影片概述

（一）创作背景

《惊爆十三天》基于 1962 年古巴导弹危机这一真实历史事件改编。自第二次世界大战结束以后，美苏两国通过雅尔塔体系划定了战后世界秩序和各自势力范围，世界逐渐形成两极格局。1959 年，卡斯特罗领导古巴革命取得胜利，将大量的美国原有企业、土地收归国有。美国在古巴的利益受到了损害，美国不允许在自己的"后院"建立起一个社会主义国家，于是美古关系迅速恶化。为了捍卫革命的胜利果实，保护新生国家的安全，古巴选择向苏联靠拢，加入社会主义阵营，一同抵御美国的威胁。美国为了推翻古巴政权，除了在政治、经济上全面封锁以外，还策划了一系列暗杀卡斯特罗，入侵古巴的秘密军事行动。甚至在 1961 年秘密派遣雇佣兵侵入古巴，发动"猪湾事件"，结果遭到古巴军民的奋起抵抗，最终古巴人民获得了胜利。

20 世纪 60 年代的美国拥有强大的综合实力，美国推行的马歇尔计划帮助欧洲经济复苏，欧、美盟友关系也得到了极大巩固。而苏联在柏林危机中并未占得优势，因此将目光转向古巴，企图以古巴作为对抗美国和北约军事组织的前哨。1962 年，一架美国 U2 侦察机在侦查中发现，苏联在古巴领土上部署军事基地和 R-12 中程导弹，此事在美国引起轰动，古巴导弹危机随之爆发。

（二）基本信息

《惊爆十三天》片长 145 分钟，首映于 2000 年 12 月 19 日，由罗杰·唐纳森导演，欧内斯特 R.梅、菲利普 D.泽利科、大卫·塞欧夫创作,凯文·科斯特纳、布鲁斯·格林伍德等人主演。该片高度还原了古巴导弹危机爆发过后,美国政府内部的一系列决策行为。

(三) 人物关系

如图 11-1 所示。

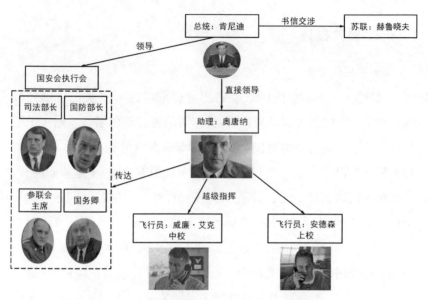

图 11-1 《惊爆十三天》主要人物关系图

二、剧情介绍

如图 11-2 所示。

美苏冷战期间,双方阵营互相攻讦对抗,美古交恶,古巴向苏联靠拢,寻求庇护。1961 年,美国政府策划向古巴的吉隆滩等地派遣雇佣兵和军队,企图入侵古巴,推翻卡斯特罗政权。古巴军民奋起反抗,历经三天的斗争后,将美国军队赶出了古巴,后来美国政府承认对此次"猪湾事件"负责。"猪湾事件"更加重了古巴的不安全感,与苏联的关系越发亲密。1962 年,美国一架 U2 侦察机执行任务时,拍到了古巴境内的苏联导弹基地,发现苏联向古巴秘密运送了一批核弹头和数量庞大的现代化武器,美国一片哗然。美苏双方一度博弈至核战争边

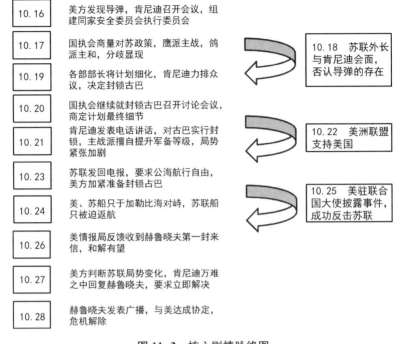

10.16	美方发现导弹，肯尼迪召开会议，组建国家安全委员会执行委员会
10.17	国执会商量对苏政策，鹰派主战，鸽派主和，分歧显现
10.19	各部部长将计划细化，肯尼迪力排众议，决定封锁古巴
10.20	国执会继续就封锁古巴召开讨论会议，商定计划最终细节
10.21	肯尼迪发表电话讲话，对古巴实行封锁，主战派擅自提升军备等级，局势紧张加剧
10.23	苏联发回电报，要求公海航行自由，美方加紧准备封锁古巴
10.24	美、苏船只于加勒比海对峙，苏联船只被迫返航
10.26	美情报局反馈收到赫鲁晓夫第一封来信，和解有望
10.27	美方判断苏联局势变化，肯尼迪万难之中回复赫鲁晓夫，要求立即解决
10.28	赫鲁晓夫发表广播，与美达成协定，危机解除

10.18 苏联外长与肯尼迪会面，否认导弹的存在

10.22 美洲联盟支持美国

10.25 美驻联合国大使披露事件，成功反击苏联

图 11-2 核心剧情脉络图

缘,最后历经十三天的谈判、施压等一系列手段,古巴导弹危机以苏联撤军和平结束。

1. 发现导弹,危机初现

1962年像往常一样的一个工作日,美国政府上下忙着处理当天的事务,而总统办公室收到了侦察机在古巴拍下的照片,发现苏联正在古巴建立军事基地,部署威胁性极强的核弹头和中程导弹。总统肯尼迪找到助理肯尼·奥唐纳和司法部长罗伯特·肯尼迪商议,决定对公众隐瞒此事,以免引起恐慌。同时,成立国家安全委员会执行委员会(简称"国执会")以商议对策,应对此次危机。

2. 政府会议,分歧不断

国执会由总统和相关部门部长组成,在某大学会议室召开会议,寻求解决方案。会议上,政府内部鹰派和鸽派提出了各自的主张。以参谋长联席会议(简称"参联会")主席泰勒将军为首的鹰派主张对古巴实行强硬政策,利用空袭和大规模的轰炸摧毁位于古巴的军事基地和导弹。而以文官幕僚们为代表的鸽派则主张用温和的手段解决冲突,战争一旦打响,很有可能使美苏双方陷入核战争,从而导致不可挽回的后果。双方针对此次事件,分歧不断,甚至鹰派人物嘲笑总统肯尼迪懦弱和妥协。

3. 方案定调,落地实施

会议一共给出了六种方案:第一种是毫不作为,以观察苏联的下一步行动;第二种是通过联合国等外交途径向苏联施压;第三种是和卡斯特罗秘密接触;第四种是入侵古巴,以绝后患;第五种是发动空袭摧毁导弹;第六种名为隔离,实为封锁古巴。每一种方案各有利弊,总统肯尼迪经过深思熟虑,最后决定封锁古巴,禁止任何载有武器装备的苏联船只进入相关海域。封锁的好处在于既表明了美国的决心,也不至于上升到军事冲突的严重地步,且将封锁作为第一步,就把问题如何解决推给了苏联。苏联必须谨慎思考如何应对美国强大的国家意志。

4. 两国博弈,化险为夷

10月24日,封锁正式启动,美军开火逼迫苏联船只返航。实行封锁期间,总统助理甚至直接越级向飞行员下达命令,为了避免事态进一步恶化,无论如何飞机不能被古巴的子弹击中。10月26日,肯尼迪收到赫鲁晓夫第一封信,苏联方传达出积极的和解信号。10月27日,第二封信送达的同时,美方一名飞行员在执行任务时被击中遇难。为了防止事态升级,美国依旧选择隐瞒真相。千钧一发之际,肯尼迪回信,承诺可以撤出在土耳其的导弹,但要求苏联方立即回复。10月28日,苏联通过广播宣布,承诺撤离在古巴的导弹,危机解除。

三、附录

本案例主要研究美国决策模式体现的内部博弈、美苏两国博弈中的威慑理论和微观层面的决策者心理。除了影片外，还有诸多资料也对这些问题进行了深入研究。

（一）影像

1.《纸牌屋》（*House Of Cards*），2013。

2.《博弈论》（*Game Theory*），2007。

（二）图书

1. ［美］罗伯特·杰维斯：《国际政治中的知觉与错误知觉》，秦亚青等译，上海人民出版社，2015。

2. ［印］阿维纳什·K.迪克西特、［美］巴里·J.奈尔伯夫：《策略思维》，王尔山译，中国人民大学出版社，2003。

3. 张维迎：《博弈与社会》，北京大学出版社，2013。

4. ［美］格雷厄姆·艾利森：《决策的本质：还原古巴导弹危机的真相》，王伟光、王云萍译，商务印书馆，2015。

（三）论文

1. 谭屹然、石柱鲜、赵红强、孟令莉：《博弈论发展概述》，《企业研究》2011年第3期。

2. 王子晖：《论冷战时期美国苏联学与政府决策的关系》，《史学月刊》2014年第6期。

3. 张禹：《地缘政治博弈与国际体系的扩张》，《世界经济与政治论坛》2018年第3期。

案例使用说明

一、教学目的与用途

（一）本案例主要适用于外交决策研究的案例教学，适用对象为国际政治和外交学专业的本科生、硕士研究生，以及对外交决策感兴趣的学习者，也可用作电影《惊爆十三天》的参考资料。

（二）本案例的教学目的在于通过对电影《惊爆十三天》内容的分析，总结影片中体现出的外交决策的理论知识，然后运用这些理论知识具体解释影片中对应的典型事件，加深学习者对这些知识的认识、理解和实际运用。

二、启发思考题

（一）结合影片内容，分析危机过程中美国政府如何进行决策。

（二）结合影片内容，分析美、苏两国如何进行博弈。

三、分析思路

电影《惊爆十三天》主要涉及美国政府决策的相关理论知识。

在案例分析过程中，首先引导学生观看电影《惊爆十三天》，了解电影主线剧情以及发生背景，再通过相关的资料记载，分析该事件的产生、发展、结果及影响，让学生对影片背后的历史事件了解得更为透彻。

其次，要求学生从已经概括出的故事情节中，结合相关资料，总结出相关理论知识。

最后，指导学生运用相关理论知识具体解释影片中对应的典型事件，并探究在现实案例中，各国如何进行危机决策。

四、理论依据与分析

从发现位于古巴的导弹开始，美国政府的知情人士们就知道这意味着什么，稍有不慎就会将国家推至战争边缘，届时将是一场全人类的灾难，整个世界也极有可能因此陷入万劫不复。一方面既要阻止导弹的下一步部署完成，另一方面又要还苏联以颜色，显示美国的国家意志，肯尼迪不得不谨慎斟酌每一步棋应该怎么下。

（一）美国政府的决策模式

1. 理论依据

国内外学界对古巴导弹危机中所表现出来的决策模式做过大量研究。格雷厄姆·艾利森提出理性行为者模式、组织行为模式和政府政治行为模式三种决策模式。[1] 其中，理性行为者模式以以往国家决策者为例，认为大多数决策者在做出一项重大决定时，可能并非处于完全理智、冷静的状态，该模式倡导以经济学、社会学中的"理性人"模式，即如何用最小的成本来获取最大的收益，强调决策者在整个决策中立场的理智与客观。"通过确定国家与政府的目的与利益计算来解释国际事件，这就是理性行为体模式的基本特征。"[2]

托马斯·谢林也是理性行为者模式的拥护者，他提出了许多有关核武器时代威慑的命题，其中的一个主要命题是关于核弹威慑带来的恐怖均势。根据该命题，"在一个相互威慑的状况下，不是（双方军事力量）平衡，而是均势的稳定性，减少了核战争爆发的可能性；而如果没有任何一方拥有通过首先发动核打击而摧毁另一方核反击能力的优势，那么这一均势就是稳定的"[3]。1972年，艾利森提到了与理性行

① ［美］格雷厄姆·艾利森：《决策的本质：还原古巴导弹危机的真相》，王伟光、王云萍译，商务印书馆，2015年，第23页。

② 同上，第31页。

③ Thomas C. Schelling, The Strategy of Conflict (Cambrdge：Harvard University Press. 1960)，p.232.

为者模式相反的决策模式"官僚政治模式"。以往,理性行为者模式强调决策是由一个单一的整体即一国政府所采取的合理行为;由于国家是一个整体行为者,因而它在国际关系中具有高度的一致性。① 在现实主义大流行的背景下,学者们崇尚将理性行为者模式纳入自己的分析框架中,国际关系是权力的倾轧与斗争,各个国家为了自身的生存和安全要做的就是在这场零和博弈中成为最终的胜者,而判断胜利的标准就是最后的利益分配,为此理性行为者模式一度甚嚣尘上。这种理论的缺陷在于,它似乎将政府内部看成了铁板一块,内部具有高度的集中统一性,却忽视了官僚体制的存在,决策的最终形成可能是内部利益集团相互商议妥协的结果,官僚自身存在自主性。丹尼尔·卡彭特认为,"当官僚的行为表现出以下特点,即官僚的行为与自己的意愿相符,或采取更加自我的行为方式,或者不作为,而不是按照政治家和利益集团的期望行事,他们的行为就是自主的"②;因此,理性行为者模式并不一定是想象中的收益最大化的体现。

于是,官僚政治模式成为弥补性行为者模式的研究对象。艾利森和霍尔珀林提出,把关注点集中在国内政治方面,能够作为替代理性行为者模式的方法——官僚政治模式。这种新的决策分析模式引起了当时学界的轰动,甚至有学者认为,"艾利森的决策理论分析方法最近在所有社会科学中成为最广泛传播的概念"③。这一模式把关注的重点放在政府内部的个人、他们之间的互动以及国际政治中政府行为的决定因素之上。④ 艾利森和霍尔珀林指出,"政府并非如理性行为者模式描绘的那样,是一个单一的行为体,而是由庞大的官僚系统

---

① 卢义民、倪世雄:《美国外交决策模式研究》,《复旦学报(社会科学版)》1998 年第 6 期,第 60 页。

② 谭融、袁维杰:《美国联邦官僚系统的自主性和政治控制》,《山西大学学报(哲学社会科学版)》2012 年第 5 期,第 48 页。

③ Robert P. Haffa, Jr., "Allison's Models: An Analytic Approach to Bureaucratic Politics," in John E. Endicottand Roy W·Stafford, eds., *American Defense Policy*, Baltimore: The Johns Hopkins Press, 1977, p. 22

④ Graham T. Allison and Morton H. Halperin, "Bureaucratic Politics: A Paradigm and Some Policy Implications," *Theory and Policy in International Relations*, 24(S1), 1972, p.42.

组成,因此官僚组织模式更适用于分析美国的政府决策问题"。艾利森和霍尔珀林提出,官僚政治模式在政府决策方面有以下五个基本命题。第一,政府决策很少反映一个单一而一致的关于国家利益的计算。第二,决策的定义是把具体的行动要求分配给具体的行为者,但是决策一般会在介入下属的人选、决策过程和应采取什么具体行动方面留有很大的余地。第三,决策一般反映了相当大的妥协。妥协产生于对依附的需要、避免强烈伤害决策参与者利益(包括组织利益)的需要,防止其他参与者做出不祥预测的需要。第四,资深博弈者会很难检验决策是否被有效执行。第五,导致行为重大变化的决定一般反映了一些巧合:(1)总统或资深博弈者把注意力放在某个问题上,需要探寻解决方法,但又面临着最后期限;(2)有一些资历较浅的博弈者的利益与某个具体的解决方法相一致,他们需要使用这一方法来解决问题。

2. 剧情分析

影片中,当肯尼迪总统接到消息称苏联在古巴设有中程导弹时,第一时间召集国家各个部门进行商讨如何在最大限度避免美苏爆发核战争的同时,逼迫苏联做出让步,以此保卫美国的本土安全。(见图11-3)

用传统的理性行为者模式分析古巴导弹危机,首先要明确为什么苏联会在古巴部署导弹,针对这个问题,有过许多讨论。1961年,美国向古巴发起了企图颠覆古巴政权的"猪湾事件",虽然最后以失败告终。但"猪湾事件"也似乎在提醒古巴人民,美国对古巴社会主义政权的憎恨并不会因此平息。因此,为了最大化保卫国家利益,捍卫革命果实,巩固现有政权,让当时世界上唯一能与美国抗衡的苏联来保护古巴,成为古巴的最佳政治选择。其次,关于美国对发现古巴装有威胁自身国土安全的大规模杀伤性导弹的反应,其政府内部多次召开会议商讨对策。外部看来,美国最终对古巴采取封锁政策,围堵古巴,逼迫载有武器的苏联船只返航等行为,一方面最大限度减少了可能因为

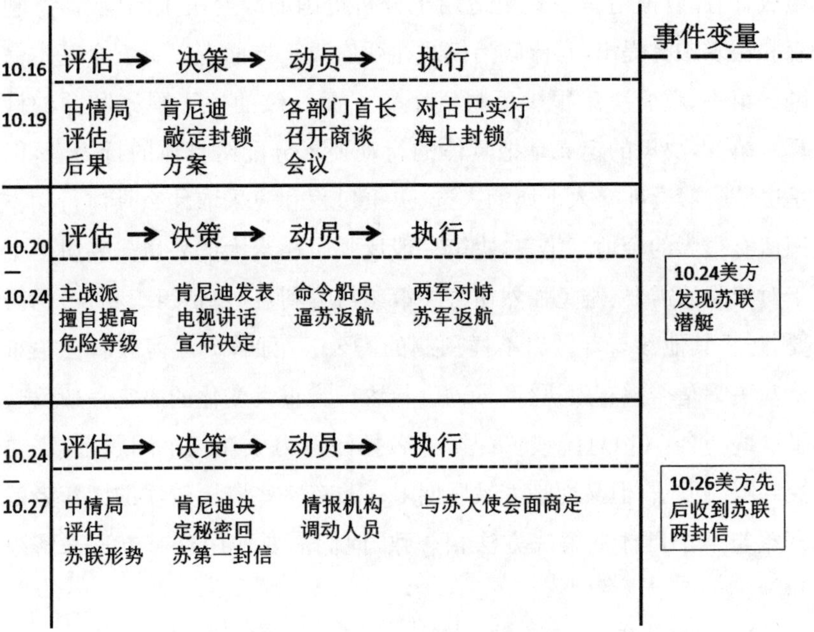

10.16—10.19	评估 →	决策 →	动员 →	执行	事件变量
	中情局评估后果	肯尼迪敲定封锁方案	各部门首长召开商谈会议	对古巴实行海上封锁	

10.20—10.24	评估 →	决策 →	动员 →	执行	
	主战派擅自提高危险等级	肯尼迪发表电视讲话宣布决定	命令船员逼苏返航	两军对峙苏军返航	10.24美方发现苏联潜艇

10.24—10.27	评估 →	决策 →	动员 →	执行	
	中情局评估苏联形势	肯尼迪决定秘密回苏第一封信	情报机构调动人员	与苏大使会面商定	10.26美方先后收到苏联两封信

图 11-3 《惊爆十三天》决策图

冲突导致的人员伤亡,另一方面也能向苏联表示美国捍卫本土安全的决心。针对古巴导弹危机,美国的第一反应体现了美国坚定一致的国家意志。但纵观整个决策过程中,美国内部关于如何处理古巴问题也出现了诸多分歧。发现导弹后,肯尼迪总统成立了国家安全委员会执行委员会,小组成员主要包括司法部部长罗伯特·肯尼迪、国务卿迪恩·腊思克、国防部长麦克纳马拉、参谋长联席会议主席泰勒将军等。随后的五天里,美国内部通过各种会议、多个渠道收集信息,采纳意见,进行权衡和比较,以求得应对此次危机的最优解,最后形成六种方案。

第一种是几乎没有人赞成的不做任何反应的方案。该方案认为美国无论如何都已经处于苏联的可打击范围内了,如果做出更大的反应反倒可能会激怒苏联,从而引发更大的战争,遭受更大的损失。相反,如果美国不做任何反应,反倒会使得赫鲁晓夫的政治布局破产,从而失去更大的政治资本，以及国内民众和盟国的信任。而肯尼迪也明白，国内鹰派主战，共和党本就对他在这件事上的处理方式不满，如果不做出反应，那么美国要面对的首先是盟国的怀疑和为难，柏林方面很难不陷入恐慌，从而引发盟国的连锁反应。接着是国内的党派之争，鸽派和鹰派的不同立场，政府内部党派之间的争论，权力结构下的相互制衡，都决定了如果不采取任何措施，后果将是美国难以估量和承受的。

第二种是外交施压的方式。其一是通过给赫鲁晓夫写秘密备忘录的形式，让赫鲁晓夫撤出古巴的导弹。其二是美国和联合国一起对古巴介入调查，同时和苏联召开峰会商谈，要求苏联撤出古巴的导弹，美国以撤出关塔那摩基地和土耳其的导弹作为交换。但这两种方案都有其缺陷，可能会让美国不得不做出一些让步，若赫鲁晓夫做出错误的决定或者在两国还在为交换条件讨价还价时，古巴的导弹已经装载完毕了，后果同样是美国所不能接受的。

第三种则是美国与卡斯特罗进行接触，逼迫其做出选边抉择，要么倒台，要么与美国决裂。但这种做法也存在极大的风险，反而预先暴露了美国的意图，使得苏联有机可乘。

第四种则是直接入侵古巴。美国国防部已经拟好了直接入侵古巴、攻占古巴的作战计划，然而一旦战争打响，美苏双方都将陷入战争泥潭，不可挽回。

第五种则是曾经得到过肯尼迪青睐的空中打击方案。但这种方案仍然存在着困难，空袭也不一定能确保摧毁古巴境内的小规模目标。此外，空袭有可能会伤到地面上的苏联人，这样一来，美国与苏联正面交锋将会在所难免。且突然发动空袭，需要事先预警，如果不预警，那么美国就成为了类似于偷袭珍珠港的日本一样的角色，在国际上的形象和声誉将会饱受诟病。

最后一种就是由麦克纳马拉提出来的封锁政策。封锁古巴海域，对装载有武器的船只一律警告遣返，不准其入境，这样能防止古巴境内导弹规模的扩大和事态的严重化。最终,各个部门官员经过商讨和争论,确定了对古巴进行封锁的处理方案,阻止世界陷入核战争。

(二) 对峙中的威慑理论与政治心理学

1. 理论要点

纵观整个冷战时期,威慑是美苏双方惯用的一种战略,主要是为了避免核战争给人类带来的毁灭性打击。赫德利布尔认为,如果说 A运用威慑手段成功地阻止了 B 做某件事,意味着威慑成功,但是需要满足三个条件:"(1)国家 A 威胁国家 B 说,后者如果采取某种行动,那么将受到惩罚或者遭受损失;(2)否则的话,国家 B 很可能会采取那种行动;(3)国家 B 相信国家 A 具有兑现威胁诺言的能力和意志,并且因此认为不值得采取那种行动。"即威慑国要明确发出威胁信号,而被威慑国家因为相信威慑国采取惩罚性政策的能力和意志,从而放弃本来要采取的行动。[①] 根据国家威胁时采用的武力类型,威慑可以区分为核威慑和常规威慑。两者区别在于性质不同,需要实现的目标也不相同。一般认为,因为核武器对双方的毁灭作用,所以核武器要比常规武器更能阻止国家发动战争。

核威慑常常是指相互威慑,尤其是在冷战中的相互确保摧毁战略。[②] 冷战的结束并没有同时宣告核时代的结束,而只是改变了核武器存在和发挥作用的国际环境,核威慑仍是美国威慑理论的组成部分。[③] 值得注意的是,以伯纳德·布罗迪、托马斯·谢林、亨利·基辛格等为代表的战略学家和以肯尼思·华尔兹、罗伯特·杰维斯等为代表的国际关系理论学家在威慑理论的基础上发展出了一种"纯威慑"理论。[④] 该理论最早揭示了核武器作为一种"绝对武器"的不可防御

---

① 王帆、曲博主编:《国际关系理论:思想、范式与命题》,世界知识出版社,2013,第226 页。

② 同上。

③ 徐瑶:《威慑理论的发展与评析》,《理论界》2013 年第 9 期,第 170—171 页。

④ 江天骄:《美国实战威慑核战略:理论、现实与历史》,《国际安全研究》2021 年第 2期,第 32 页。

性和无与伦比的威慑力,并对核战争的危险性和毁灭性发出警告。[①] 这种"纯威慑"理论也很好地解释了为什么美苏两国之间的战争没有上升到整个世界所担忧的那样的毁灭性战争。

决策过程中,除了美国政府内部的官僚组织在发挥作用之外,决策者心理也在左右决策。对此,政治心理学有专门的研究。杰维斯对国家冲突行为的解释是,国家决策者在不确定的国际条件下,很容易产生对形势和对方意图的错误知觉,而且这样的错误知觉往往夸大对方的敌意,从而将对方国家视为具有冲突意图的对手。由于互动的双方都趋于产生这样的错误知觉,敌意螺旋就会不断上升,冲突也就会在双方都不情愿发生冲突的情况下爆发。[②] 他提出了几个错误知觉的生成机制,其中包括认知相符理论、诱发定势理论、历史经验理论。作者列举了几种常见的错误知觉:一是容易将对方看作一个比自己更加团结的整体;二是决策者往往高估自己的影响力和被影响程度;三是愿望思维;四是认知失调[③]。通过心理学与国际关系的结合,他创造了从微观层面了解国家行为体决策机制,探讨个人行为体对国家决策的影响,为国际关系理论的新发展提供了新思路,是对微观层面的国际关系理论的重要补充。

2. 剧情分析

经历过第二次世界大战的创伤之后,世界各国对和平有了前所未有的向往,同时,对于发动战争也有了以往所不及的谨慎。因此,虽然美苏两国处于敌对状态,但是谁也不敢轻易发出战争的信号,挑起又一场世界大战。纵观美苏的整个对抗过程,双方一直针锋相对,却又不敢轻易挑起任何一场战争的主要原因就是双方都拥有足量的核武

---

① [美]伯纳德·布罗迪等著:《绝对武器》,于永安等译,解放军出版社,2005 年,第 2—3 页。

② 张迎宏、安成日:《国际关系理论研究的微观视角——读罗伯特·杰维斯〈国际关系中的知觉与错误知觉〉》,《黑龙江省社会主义学院学报》2005 年第 4 期。

③ [美]罗伯特·杰维斯著:《国际政治中的知觉与错误知觉》,秦亚青等译,上海人民出版社,2015 年,第 425 页。

器,以及确保摧毁对方的能力。

这次危机前后历经 13 天,过程波涛汹涌,战争一触即发,差点酿成核大战。危机高潮的 10 月 27 日,美国参联会向肯尼迪汇报,军队做好了大规模动武的一切战斗准备,对苏联进行前所未有的极限施压。(1)从海上力量来看,美国短时间内就在加勒比海集结 3 艘航母,并且还在调集其他地方的航母,以及 12 艘驱逐舰和巡洋舰、9 艘护卫舰。(2)从空中力量来看,美国在东南沿海部署了 183 架截击机,全部处于战备状态,其中 72 架的预警时间仅为 15 分钟,还有 22 架的预警时间只有 5 分钟。(3)从战略后备来看,仅在佛罗里达的各个基地,美军就大规模集结了 850 架飞机,并在很短时间内集结了 5 个师的海军和海军陆战队兵力;美国还不断调兵遣将,在得克萨斯州组建了特种部队,开拔佛罗里达州前线;同时,原来就驻守佛罗里达的陆军师,也做好了一切战斗准备,只待命令下达,即可随时攻入古巴。

27 日上午,苏联击落美国一架 U-2 高空侦察机,美国决意反击苏联的神经更加紧绷,为了防范苏联不可预测的鲁莽行动,美国进一步对苏联施加了极限施压的最强力度。(1)在空中,60 架 B-52 轰炸机紧急升空待命,其中 52 架携带 196 枚核导弹。(2)在海上,7 艘"北极星"潜艇处于 15 分钟内的紧急战备状态。(3)在地上,804 架飞机和 44 枚导弹处于待命攻击状态,并且另外 172 枚导弹、携带 2 858 枚核导弹的 1 200 架飞机,也处于最高戒备状态;此外,还有 271 架 B-52 轰炸机和 340 架 B-47 轰炸机,携带着 1 634 枚核导弹,136 枚"大力神"和"宇宙神"洲际弹道导弹,也处于紧急待命发射状态。[1] 美国对古巴采取封锁政策后,苏联运载武器的船只在加勒比海选择了调头。按照赫德利布尔的说法,整场危机中美国通过各种外交渠道表示,不会放任任何危害美国国家安全的行为,如果苏联不撤出古巴的导弹,则两

---

① 谢剑南:《极限施压与极限博弈:苏美在古巴导弹危机中的行动逻辑、历史遗产及启示》,《战略决策研究》2018 年第 6 期,第 78—79 页。

182

国的冲突在所难免,而苏联也相信美国具有将其话语付诸实践的能力。最终,加勒比海域上那些驶向古巴且载有武器的苏联船只逐步返航,选择了让步。而同样,美国也相信苏联发出的外交警告,故而不敢轻易发动对古巴和古巴的苏军导弹基地的袭击。双方彼此威慑,而不敢采取更深一步的行动。

　　除了威慑理论,政治心理学也能从微观角度洞察两国进行的博弈。杰维斯提出的错误知觉之一就是将对方想象成比自己更加团结的整体。古巴导弹危机中,肯尼迪试图向赫鲁晓夫解释是飞机迷失了方向,而非美国企图向苏联挑衅或者发动袭击。赫鲁晓夫则拒绝相信美国的解释,认为这一切都是美国精心策划的说辞而已。在危机发生的十三天里,两国除了国家内部的决策动员之外,在外交上也进行了各个层面的紧张博弈,最后双方各自选择了让步来结束这一场紧张的危机,还世界以和平。(见图 11-4)

知觉与错误知觉	决策者个性	最终决策
错误认为对方是比自身更团结的整体	赫鲁晓夫的冲动易怒	采取强硬政策,认为美国的战机并非迷路而是故意入侵
错误低估对方的战略意志	赫鲁晓夫的盲目自大	在古巴驻军并安装导弹
统一性知觉	肯尼迪的缜密多思	古巴导弹危机是苏联蓄谋已久,世界性的核战爆发概率极高,必须和平解决
愿望思维	肯尼迪的理想主义化	寄希望于苏联接受美国的方案,仅仅只对苏联采取海上封锁,放弃武力打击

图 11-4　《惊爆十三天》决策图

五、关键要点

　　(一)对电影《惊爆十三天》的基本剧情和事件背景有一定的了解。

（二）对美国政府的决策模式有一定的掌握。

（三）将电影展现的决策模式与具体内容进行对应分析。

（四）根据对本案例的分析，探讨其现实意义。

六、建议课堂计划

（一）课前计划

1. 请学生在课前完整观看电影《惊爆十三天》，并通过资料的查阅对影片形成完整而具体的认识。

2. 阅读有关美国政府决策的相关材料，对影片中涉及的决策模式有深刻的了解。

3. 在班级学生中组织案例研究制作团队，每个团队根据需要选定数名同学进行影像案例展示准备。

（二）课中计划

1. 任课教师介绍课堂计划与安排，引出作为案例的电影《惊爆十三天》。（5分钟）

2. 请案例研究制作团队进行影像案例展示。（20分钟）

3. 请同学们根据在每个团队影像案例展示过程中产生的疑问进行简单讨论和提问，相关团队人员代表予以精简回答。（10分钟）

4. 任课教师针对每个团队的影像案例展示内容，对团队成员和在座同学进行引导式提问。被提问团队和在座同学经过小组讨论后，请代表解答。（25分钟）

5. 任课教师对每个团队的影像案例展示成果进行总结，对相关问题的讨论进行评论，并提出改进建议。（10分钟）

6. 结合影像案例，任课教师进行相关理论知识的讲授。（15分钟）

（三）课后计划

1. 要求影像案例展示团队根据老师在课堂上的总结、评价和改进建议，修改完善影像资料案例。

2. 要求未制作影像案例资料的同学根据影像案例展示的内容和讲授的相关外交决策的知识，结合当今国际关系热点，进行影像案例制作，并结合相关资料，着眼案例背后的真实事件，分析原因。

3. 任课教师要求全体同学阅读参考文献中列出的相关资料。

七、参考文献

1. 陈瑞华：《战略威慑理论》，《中国律师》2018 年第 6 期。

2. 桂立：《古巴导弹危机决策分析》，《武汉大学学报（社会科学版）》1992 年第 4 期。

3. 郭瑞鹏、孔昭君：《危机决策的特点、方法及对策研究》，《科技管理研究》2005 年第 8 期。

4. 江天骄：《美国实战威慑核战略：理论、历史与现实》，《国际安全研究》2021 年第 2 期。

5. 卢义民、倪世雄：《美国外交决策模式研究》，《复旦学报（社会科学版）》1988 年第 6 期。

6. 史建斌：《小型战术核武器角色：古巴导弹危机 60 年再回顾》，《世界知识》2022 年第 22 期。

7. 孙光英：《古巴导弹危机的启示：危机需要理智管控》，《军事文摘》2017 年第 11 期。

8. 王永县、向钢华：《基于博弈分析的军事威慑理论研究》，《清华大学学报（哲学社会科学版）》2005 年第 5 期。

9. 谢剑南：《极限施压与极限博弈——苏美在古巴导弹危机中的行动逻辑、历史遗产与启示》，《战略决策研究》2018 年第 6 期。

10. 信强：《危机决策中的美国府会互动模式》，《美国研究》2008 年第 4 期。

11. 徐瑶：《威慑理论的发展与评析》，《理论界》2013 年第 9 期。

12. 张亮：《古巴导弹危机研究综述》，《珞珈史苑》2018 年。

13. 张迎宏、安成日：《国际关系理论研究的微观视角——读罗伯特·杰维斯〈国际政治中的知觉与错误知觉〉》,《黑龙江省社会主义学院学报》2005 年第 4 期。

14. 张岩:《战略威慑理论的历史演进》,《军事历史》2018 年第 2 期。

15. Graham T. Allison, Morton H. Halperin, *Bureaucratic Politics: A Paradigm and Some Policy Implications*, (Princeton: Princeton University Press, 1972).

16. Robert P. Haffa, Jr., *Allison's Models*, *An Analytic Approach to Bureaucratic Politics*, (Baltimore: The Johns Hopkins Press, 1977).

17. Thomas C. Schelling, *The Strategy of Conflict*, (Cambrdge: Harvard University Press. 1960).

12

《灵通人士》：
英美对外战争决策
过程中的个体博弈

邹文村 *

摘　要：本案例选取电影《灵通人士》为研究对象。影片以英美两国蓄谋发动中东战争为背景，讲述了两国外交决策者面对是否发动战争的决策时，为了各自利益而斗智的故事。案例表明，外交决策是国家决策环节中的重要内容，决策者作为决策主体是影响外交决策的重要变量。本案例目的在于聚焦外交决策中的个体因素，从决策者个性和知觉角度，分析决策者影响外交决策的路径。本案例适用于外交学、国际政治学的案例教学，适用对象可为外交学、国际政治的本科生以及硕士研究生。

关键词：外交决策；决策者；个性；知觉

＊　邹文村，男，四川外国语大学国际关系学院。

案 例 正 文

一、影片概述

(一)创作背景

2003年3月,美国布什政府以伊拉克藏有大规模杀伤性武器,并暗中援助恐怖分子为由,绕过联合国安理会,对伊拉克发起单边军事打击行动。在此次对伊军事行动中,英国布莱尔政府坚定地与美国站在了一起,积极配合美国的中东政策。伊拉克战争于2010年结束,前后长达7年之久。到战争结束时,英美两国没有在伊拉克找到任何关于大规模杀伤性武器的证据。回头来看,当年美国国务卿鲍威尔在联合国向世界展示的一小瓶白色粉末被认定为伊拉克的化学武器,此举颇为讽刺和荒唐。《灵通人士》正是基于此事件进行改编,试图以英国政府的视角,还原战争决策制定全过程,并聚焦外交决策过程中决策者的特殊影响。

(二)基本信息

如表12-1所示。

表 12-1　剧情基本信息

影片名称	灵通人士
外文名称	In the Loop
类型	喜剧/讽刺
片长	106 分钟
首映	2009 年 4 月 17 日
导演	阿尔曼多·伊安努奇

(续表)

主要演员	詹姆斯·甘多菲尼、汤姆·霍兰德、克里斯·阿迪森
获奖情况	第12届英国独立电影奖、第15届帝国电影奖、第81届美国国家评论协会奖

（三）人物关系

如图 12-1 所示。

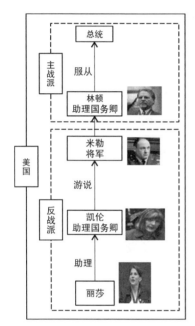
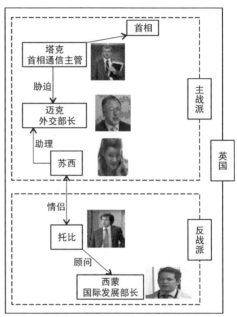

图 12-1　《灵通人士》主要人物关系图

二、剧情介绍

如图 12-2 所示。

美国与英国政府领导人欲在中东发动一场战争，并命令各自政府部门就此事进行研究。对此，两国国内官僚阶层分为了"主战派"和"反战派"，两路人马积极奔走，寻找能说服对方的理由和证据。一时间，战争的阴云笼罩在英美两国上空，引发了广泛的社会关注。

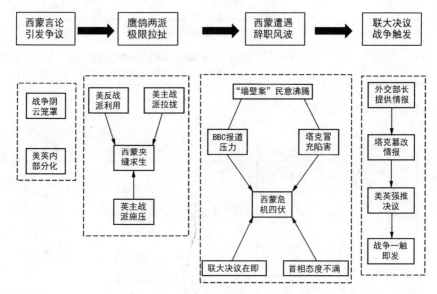

图 12-2　核心剧情脉络图

（一）起因：西蒙言论引发争议

西蒙是英国的内阁大臣,同时兼任国际发展部部长。作为首相决策圈子中的一员,西蒙得知英美两国首脑已达成共识,主张对中东某国发动战争。西蒙本身是反战人士,心里并不赞同首相的战争政策。但首相严禁内阁大臣对外泄露此事,这使他颇为苦恼和无奈。在一次BBC访谈节目上,他无意间向媒体透露,英国对外发动战争将是"不可预测的"。据此模棱两可的表述,外界普遍认为英国政府不会动用武力,而西蒙也被认定是英国政界的反战代言人和和平人士。此举引发了社会各界的广泛议论,且与首相的态度大相径庭。因而,西蒙遭到了首相通信主管塔克的严厉训斥,塔克认为其发表了不利于首相政策的言论。

2. 发展：西蒙受到美国鹰鸽两派极力拉拢

看到西蒙的表态后,美国内部的反战派认为,西蒙是其阵营中的一员,私下秘密接触西蒙,希望能与他共同合作阻止战争的发生。助理国务卿凯伦是美国内部反战派的代表，她极力游说米勒将军，认为美国此时不适宜对外发动战争。然而，来自首相方面的压力让西蒙在数日后又向媒体发表了支持战争的言论。这让其又变成了主战派。在毫不知情的情况下，西蒙变成了英美两国内政外交的焦点。美国主战派和反战派都认为，可以利用西蒙来对战争政策的讨论进行议题设置，并邀请他赴美参加未来规划委员会的讨论。在会议期间，助理国务卿凯伦向与会者展示了题为"Post-War Planning，Parameters，Implications and Possibilities"（简称"PWPPIP"）的反战文件。同时，凯伦还透露，助理国务卿林顿正在秘密筹建战争委员会，此举引发了激烈争论。作为还击，林顿找到同在美国的塔克，要求他向西蒙施压，同时积极配合美国收集战争情报。

3. 高潮：西蒙被逼辞职

回到英国之后，因为北安普敦选区的"墙壁案"，西蒙又一次登上报纸头条。当地选民和媒体批评西蒙没有就此问题采取行动，认为其应该辞职。西蒙的部长之位岌岌可危。

英国首相对西蒙在美国发表的主战言论比较满意，西蒙面临的压力减少。首相带着西蒙和塔克来到联合国，参加对中东某国家战争的表决大会。西蒙不愿意自己成为发动战争的帮凶，计划在联大决议前辞职，以示其反战的决心。美国反战派获悉此事后，希望拉拢他，壮大反战派的势力，以阻止战争。但是西蒙明显贪恋权位，在摇摆犹豫中，下不了决心辞职。塔克认为，西蒙是个定时炸弹，随时会破坏首相的计划，伺机逼迫西蒙辞职。

恰巧此时西蒙选区的"墙壁案"引爆了民愤，BBC正准备报道此事。塔克便冒充西蒙给BBC打电话，威胁不要发表对他不利的新闻。BBC并没有理会"西蒙"的压力，直接向民众公开了此事。首相得知"墙壁案"后，认为西蒙工作上有重大失职，不应再继续担任政务要职。

4. 结局：联大投票，主战决议通过

在美国，托比与丽莎旧情复燃。回到英国后，此事被托比的女朋友苏西无意间发现。苏西选择和托比分手,并将托比赶出了家门。托比离开公寓时,交给苏西"PWPPIP"文件的拷贝,并向她透露了此报告的内容。该报告的主要意图是反对战争,写作方式是先说发动战争的证据,再说反对战争的证据,总体上后者内容居多。苏西是外交部长迈克的助理,外交部长迈克在塔克的胁迫下,站在了主战阵营。此报告经过外交部长迈克之手,交给了塔克。

联合国大会关于中东某国战争的投票马上就要开始,然而林顿还未获取任何关于发动战争的证据,这让他万分着急。林顿希望塔克能在联合国大会前拿出有利的英国情报以帮助战争决议的通过。塔克迫使外交部长迈克将"PWPPIP"文件中反战的内容删除,只保留了发动战争的证据。林顿如获至宝,以这个假情报,参加了联合国大会的辩论,最终大会通过了对中东某国发动战争的联合国决议。(见图 12-2)

三、附录

关于外交决策过程中决策者个体的研究,在其他影像和书籍材料中也有广泛关注。以下所提供的拓展材料,将从更多视角探究决策者个体对外交政策的影响,以供学习和参考。

(一)电影及电视剧

1.《幕后危机第一季》(*The Thick of It Season* 1),2005。

2.《外交官的抉择》(*Visas and Virtue*),2001。

3.《是,大臣第一季》(*Yes Minister Season* 1),1980。

(二)图书

1. [美]雷蒙德·F.史密斯:《罗盘与风向标:外交官的分析技艺》,曲博译,上海人民出版社,2018。

2. [英]罗伯特·道格拉斯:《李鸿章传:一位晚清在华外交官笔下的帝国"裱糊匠"》,李静韬等译,浙江大学出版社,2013。

3. [德]弗里德里克·鲍尔:《科菲·安南:全世界最可信赖的外交官》,沈锡良译,金城出版社,2006。

案例使用说明

一、教学目的与用途

（一）本案例主要适用于外交决策的案例教学，适用对象为国际政治和外交学专业的本科生、硕士研究生，以及对外交决策感兴趣的学习者，也可用作电影《灵通人士》的参考资料。

（二）本案例的教学目的在于通过对电影《灵通人士》内容的分析，总结影片中体现出的外交决策中的决策者个体因素，然后运用这些理论知识具体解释影片中对应的典型事件，加深学习者对这些知识的认识、理解和实际运用。

二、启发思考题

（一）电影《灵通人士》主要讲述了外交决策的哪些内容？

（二）在电影《灵通人士》中，决策者个性如何影响外交决策？

（三）在电影《灵通人士》中，个体知觉因素如何在外交决策过程中发挥作用？

三、分析思路

本案例的研究是基于外交决策的相关理论知识，并结合电影《灵通人士》的内容展开。

在案例分析过程中，首先引导学生观看电影《灵通人士》，概括电影主要讲述的故事情节，再提取出对应的真实事件，通过查阅资料总结该事件的产生、发展、结果及影响，使学生对影片的背景和内容有全面且深刻的了解。

其次,要求学生从已经概括出的故事情节中,总结其中体现的外交决策知识。

最后,运用理论知识,指导学生分析决策者个体因素影响外交决策的路径。

四、理论依据与分析

国际政治是建立在各类行为体相互联系、相互作用基础之上的人类现象。现如今,国际政治的重大事件是由不同的外交政策相互影响的结果。因此,外交决策研究是国际政治绕不开的议程。克里斯托弗指出,外交决策在如何正确理解国际关系当中发挥了核心作用;由于多种原因,外交决策正处于被忽视的境地,必须回到中心位置。[①]

表面上,外交决策是由国家对外部国际环境综合评估后,制定对外发展和国际互动政策的过程。对于此论调,施耐德、布鲁克和萨宾提出的"外交决策国家中心论"便是典型代表。[②] 然而,考察国家的外交决策行为,我们还需正视个体因素。对于个体因素的研究极其重要,因为最高外交决策往往是由个人做出,个人在外交决策过程中发挥了独特作用。

(一)理论依据

从个体层次去分析国家决策的方法古已有之。在西方国际政治思想史上,柏拉图提出了"哲学王"的概念,率先就"人与国家"之间的关系进行了思考。柏拉图认为,国家应该建立在社会分工的基础上,国家的任何政策应该交由少数经验丰富的哲学家进行裁定。[③] 亚里士多德在《政治学》一书指出:"最优良的政体该是由最优良的人们为

---

① [英]克里斯托弗·希尔:《变化中的对外政策政治》,唐小松、陈寒溪译,上海人民出版社,2007,第20—21页。

② Richard C. Snyder, Henry W. Bruck, Burton M. Sapin, *Foreign Policy Decision Making* (New York, Free Press of Glencoe, 1962), p. 23.

③ [希]柏拉图:《理想国》,郭斌和、张竹明译,商务印书馆,2020,第216—218页。

之治理的政体。这一类型的政体的统治者或为一人，或为一宗族，或为若干人，他或他们都具有出众的才德，擅于为政。"①马基雅维利在《君主论》中"探讨了君主应该怎样进行统治和维持下去"②的方法。在此书中，马基雅维利把国家与君主个体两个层次，纳入到一个意向中进行讨论。在马基雅维利看来，国家的决策制定系于当权者一人身上，国家维系的要领在于君主如何正确施行管理之术。

进入 20 世纪后，国际关系理论家竭力把个体层次因素从其他层次因素中剥离，充分聚焦个体之于决策的意义。斐迪南·滕尼斯从文化的角度指出，国家是一个由拥有共同文化价值观的自由人组成的统一体，拥有虚拟的道德和性格。③ 斐迪南·滕尼斯声称，国家的行为以自由人的名义来体现，在此过程中，国家的所有制度、政策便拥有一种类似于人的意志。肯尼思·戴森指出："国家被认为是每个个人意志的共同体，通过意志和行动的人格来表达自我，并在宪政或社会君主国中找到最高表达。"肯尼思·戴森强调，国家是一个非自然的共同体，在这个共同体内，个人利益表达的社会逻辑成为国家运行的法则。④ 肯尼思·华尔兹提出了战争起源的三重意向，其出发点便是对人性的讨论。在书中，华尔兹对人性进行了深度剖析，他认为人的本性中的自私、冲动甚至愚蠢都会从不同程度上诱发冲突。对此，他提出，应该对人进行道德教育和知识熏陶，使其具有理性的思考和行动。⑤

由此可见，人是国家政策的施动者，而正是人的这种特性引发了国际冲突的发展和变迁。通过上述分析可知，这些学者均认为，国家决策与决策者或领导人之间具有关联性，国家政策会在不同程度受到

① ［希］亚里士多德：《政治学》，吴寿彭译，商务印书馆，2009，第 177 页。
② ［意］尼科洛·马基雅维里：《君主论》，潘汉典译，商务印书馆，2009，第 4 页。
③ ［德］斐迪南·滕尼斯：《共同体与社会》，林荣远译，商务印书馆，1999，第 334 页。
④ ［英］肯尼思·戴森：《西欧的国家传统》，康子兴译，译林出版社，2015，第 11 页。
⑤ ［美］肯尼思·华尔兹：《人、国家与战争——一种理论分析》，信强译，上海人民出版社，2012，第 14 页。

决策者个性的影响,这些个性包括信仰、性格、经历、知识储备等。

外交决策是国家决策环节中的重要内容,决策者作为决策主体,是影响外交决策的关键性变量。[1] 国家的心理因素会通过领导人、决策精英个体的形式表现出来。[2] 外交决策体现的是决策者对客观环境和个人思维的心理加工过程。[3] 决策者的心理特点、生活经历、对周围环境的认知等都会直接影响决策的结果。决策者的声誉和公众的支持也会极大影响外交决策者的决策能力。

张清敏指出,外交决策的微观分析方法可从两个方面入手,一是对决策者的研究,二是对决策机制的过程追踪。他认为不同的决策者在对待同一个议题会产生不同的政策输出。因此,研究外交决策首先应该聚焦对代表国家或者以国家名义制定政策的人。[4] 决策者个体分析可以从人性、个性、认知和知觉三方面展开。人性方面从性善与性恶两个方面展开,主要落脚点在理性决策和非理性决策的探讨上。个性则主要关注领导人的个性特点与对外决策之间的互动。认知和知觉角度的核心内容是环境对于决策者的影响。[5] 对此,罗伯特·杰维斯提出了三种归因机制,即认知相符、诱发定式和历史包袱。[6] 他关注的是决策者之间的错误知觉与国际冲突之间的关联性。决策者之所以会产生错误知觉,主要是受到外在环境和决策者自身心理因素的影响。具体来看,在危机环境下,由于时间紧迫导致决策者需要立刻做出决断,如遇到情报信息不充分,那么决策者很容易做出错误的

---

① 毕云红:《外交决策及其影响因素》,《世界经济与政治》2002年第1期,第15页。

② 尹继武:《情绪、理性以及国际政治世界》,《欧洲研究》2007年第6期,第79页。

③ 张清敏:《外交政策分析的认知视角:理论与方法》,《国际论坛》2003年第1期,第39页。

④ 张清敏:《外交决策的微观分析模式及其应用》,《世界经济与政治》2006年第11期,第17—18页。

⑤ 尹继武:《心理与国际关系:个体心理分析的理论和实践》,《欧洲研究》2004年第1期,第70—73页。

⑥ [美]罗伯特·杰维斯:《国际政治中的知觉与错误知觉》,秦亚青等译,上海人民出版社,2015,第127—317页。

判断。另一方面,决策者本身的认知能力、情感基础甚至利益动机也能导致决策失误。[①]

（二）剧情分析

在影片《灵通人士》中,关于是否对中东某国家发起战争的决策,英美两国政府官员明里暗里进行了大量博弈。在此过程中,影片对众多决策者个体进行人物特写,充分体现决策者个体因素和复杂的人际关系在外交决策中的特殊作用。

首先,整体来看,影片从片名到内容都体现了个体对外交政策影响的独特性。

外交决策过程的隐秘性和封闭性往往被认为是"黑匣子"。"In the Loop",字面上是指在圈子里、在圈圈之内,实际上是指针对某一计划或政策,经常参与讨论或传递信息的一群人。他们消息灵通,知晓内幕。

影片一开始便交代了故事背景,英美两国政府正在计划发动对中东某国的战争。就此计划的可行性,两国的政府官员紧锣密鼓地召开各种会议进行论证。参与会议的各方政府官员提交各种提案,试图左右战争决策结果。本片以"灵通人士"为名,在内容上聚焦英美政府官员在此决策中的特殊影响,展现了决策者个体与外交政策之间的互动关系。

根据剧情,主人公西蒙作为具有丰富个性的决策个体,在受到环境因素的叠加影响后,其认知心理活动会促使其进行态度选择和决策输出,进而影响外交政策。罗伯特·杰维斯曾指出,政治行为常常是随机互动产生的结果,而这些结果往往不能通过固定的线性模型来理解。[②] 决策者个体因素囊括信仰、性格、经历、知识储备、情感、环境等

① 尹继武:《国际政治心理学的知识谱系》,《世界经济与政治》2011 年第 4 期,第52 页。

② ［美］罗伯特·杰维斯:《系统效应:政治与社会生活中的复杂性》,李少军、杨少华、官志雄译,上海人民出版社,2008,第 37—81 页。

主观意向,具有多元性和复杂性的特征。这些因素或单独或互动组合成不同模式对决策个体产生影响。

基于此(如图12-3),本案例以故事情节发展为基础,按照"决策者个性—知觉环境—决策者心理—决策输出"的路径,在提高理论和剧情之间适配性的同时,凸显决策者个体的独特影响力。另外,本案例以西蒙不同时期的外交决策作为最终参考系,将每一个决策结果作为分析单元进行层次化呈现,充分体现了西蒙对于战争的反复性和多变性个体特征。

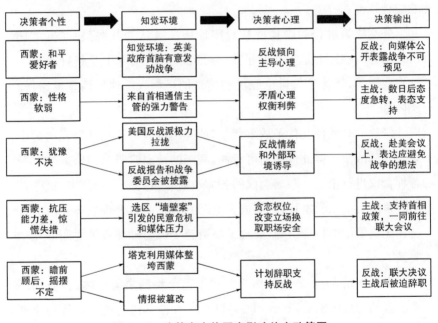

图 12-3　决策者个体因素影响外交政策图

　　其次,从角色个性的角度看,西蒙和塔克之间的人物对立折射出决策者的个体差异。

　　决策者个体差异关注的是以人性善与恶为基础,以性格为表现形态的个性问题。摩根索指出,人性的恶是导致国际冲突的根源之一;孟子则认为人性本善。长期以来,对于人本性的讨论一直没有定论。

但即便如此，个体之间存在差异却是为众人所接受和认可的。在摩根索与孟子的讨论中，人性的善与恶是分布在两个不同方向的极端意象。极致的善与恶在人类社会生活中，往往是极少数的现象。在国家日常决策中，决策者的个性受到其他因素的影响，往往呈现不同的类型，散落在性格谱系的不同区位。决策者个体在其成长过程中会经历不同的境遇，这些境遇作用在个体身上便会形成不同的性格形态。而决策者不同的性格则会影响其在同一问题上的行为反应。决策者长期以来形成的价值观和信仰会极大影响其决策。决策者甚至会按照一种先入为主的想法把互不关联，甚至是自相矛盾的事物混同在一起，对他们心理抵触的东西故意视而不见。[①]

在影片中，西蒙作为决策圈中的一员，一早便知晓首相有意推动战争议案，但西蒙内心的反战情绪一直试图抵制这种政策压力。然而，西蒙是一个性格懦弱、犹豫不决的人，在遇到紧急问题时常常处于慌张失措、瞻前顾后的状态，导致其无法集中精力果断做出决策。影片开头，西蒙在电视采访节目中关于战争的模糊表态，引得众说纷纭，成为引爆事件的导火索。与西蒙不同，塔克在影片中的形象是投机取巧、长袖善舞，在紧急状况下会不择手段直达目的。这种刚强的性格特点与西蒙的犹豫形成鲜明对比。哪怕林顿辱骂他是个废物，他都没有反驳，而是立刻去想办法解决。当他得知反战报告泄露时，立马决定先封锁消息。而在林顿要求他去寻找情报时，他立马就想到可以通过篡改反战报告来提供"最新的英国情报"。从面对危机时的从容不迫和雷厉风行的解决手段，可以看出，他身为首相通信主管的工作能力十分出众，之后他帮助主战派发动战争，并最终取得胜利也不足为奇了。

最后，从决策过程看，主战派和反战派政策的迥异折射出决策者

① 冯玉军：《对外政策研究中的决策理论》，《世界经济与政治》2000 年第 2 期，第 34 页。

的认知复杂性。

唯物主义认为,人类的一切内心活动都是对外界事物的客观反映。环境成为主要的影响要素,不同的环境就会给人带来不同的信息。人对外界信息处理、消化、筛选、加工制作的过程就是人的认知机制发生作用的过程。作为社会个体的人,无时无刻不处在复杂的社会环境中,认知机制也相应地随时需要进行态度选择和行为调整。

影片《灵通人士》构筑了极其复杂的认知环境,概括起来就是"两个层次,四个中心"。(如图 12-4)两个层次是指国际和国内两个不同的结构,四个中心是指英美两国国内形成的四个不同的决策中心。在影片中,针对是否发动中东战争的议题,英美两国政府的各部门官员,集中分布在这四个中心。表面上看,四个中心代表的是决策机构之间的分化联盟,实际上则是通过决策领导人个体的意见来呈现。每个决策中心都有主要的决策代表,他们的个人偏好最终成为政策意见向外输出,同时也受到来自其余各方的牵制。四个中心形成四个微型的决策环境,其政策建议想要最终形成国家战略,还需要突破国内和国际两个层次的结构影响。因此,决策者需要应对不同部门之间的人际关系。最终,这四个不同的决策中心拥有不同的战争政策倾向,他们相互影响,相互作用,形成复杂的决策环境。

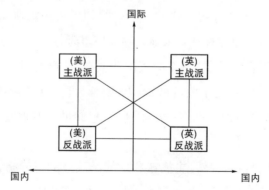

图 12-4　电影展现的外交决策环境图

在影片中,主人公西蒙对待战争的态度经历了多次变化,便是受到决策环境不断影响的结果。(如图12-5)起初,西蒙对于首相欲发动中东战争持反对态度。但是由于其不当发言引发的争议,塔克方面对其进行了训斥,这让西蒙在几天后的采访中又急速改变立场发表好战言论。尔后,美国反战派试图拉拢西蒙,这让西蒙参加战争委员会期间又态度不明。联合国大会决议前,西蒙试图辞职以表自己反对战争的决心,不料"墙壁案"事件带来的民意压力,让西蒙犹豫不决。最终,塔克设计陷害西蒙,西蒙被解职。

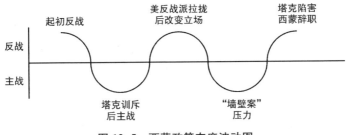

图 12-5　西蒙政策态度波动图

五、关键要点

(一)对电影《灵通人士》的剧情和背景知识要有全面的了解。

(二)对外交决策理论中决策者个体要素要有全面牢固的掌握。

(三)将电影《灵通人士》讲述的故事与相应的理论知识结合起来,进行全面分析。

(四)根据本案例的分析,探讨其现实意义。

六、建议课堂计划

(一)课前计划

1. 请学生在课前完整观看电影《灵通人士》,并通过查阅相关资料形成对影片的完整认识和评价。

2. 阅读教材中有关外交决策的相关材料,对影片中涉及的有关外交决策影响要素的知识有较全面的掌握。

3. 在班级学生中组织案例研究制作团队,每个团队根据需要选定数名同学进行影像案例展示准备。

(二) 课中计划

1. 任课教师介绍课堂计划与安排,不多赘述,简单引出电影《灵通人士》。(5分钟)

2. 请案例研究制作团队进行影像案例展示。(20分钟)

3. 请同学们根据在每个团队影像案例展示过程中产生的疑问进行简单讨论和提问,相关团队人员代表予以精简回答。(10分钟)

4. 针对每个团队的影像案例展示内容,任课教师对团队成员和在座同学进行引导式提问。被提问团队和在座同学经过小组讨论后,请代表解答。(25分钟)

5. 基于团队的影像案例展示成果和相关问题的讨论结果,任课教师进行总结和评论,并提出改进建议。(10分钟)

6. 结合影像案例,任课教师进行外交决策知识的讲授。(15分钟)

(三) 课后计划

1. 要求影像案例展示团队根据老师在课堂上的总结、评价和改进建议,修改完善影像资料。

2. 要求未制作影像案例资料的同学根据影像案例展示的内容和讲授的相关外交决策的知识,结合当今国际关系热点,进行影像案例制作,并结合相关资料,着眼案例背后的真实事件,分析原因。

3. 任课教师要求全体同学阅读参考文献中列出的相关资料。

七、参考文献

1. [美]弗雷德·L.格林斯坦:《人格与政治:实证、推论与概念化指南》,景晓强译,中央编译出版社,2022。

2. ［美］哈罗德·D·拉斯韦尔：《世界政治与个体不安全感》，王菲易译，中央编译出版社，2017。

3. ［英］格雷厄姆·沃拉斯：《政治中的人性》，朱曾文译，商务印书馆，1996。

4. ［英］克里斯托弗·希尔：《变化中的对外政策政治》，唐小松、陈寒溪译，上海人民出版社，2007。

5. ［美］罗杰·希尔斯曼等：《防务与外交决策中的政治：概念模式与官僚政治》，曹大鹏译，商务印书馆，2000。

6. ［美］欧文·L.贾尼斯：《小集团思维：决策及其失败的心理学研究》，张清敏等译，中央编译出版社，2016。

7. ［加］夏尔·菲利普·大卫：《白宫的秘密：从杜鲁门到克林顿的美国外交决策》，李旦等译，中国人民大学出版社，1998。

8. ［美］亚历山大·乔治、［美］朱丽叶·乔治：《总统人格：伍德罗·威尔逊的精神分析》，张清敏译，中央编译出版社，2014。

9. Alexander L. George, "The 'Operational Code': A Neglected Approach to the Study of Political Leaders and Decision Making," *International Studies Quarterly*, 13(2), 1969.

10. Steven G. Walker, "The Interface Between Beliefs and Behavior: Henry Kissinger's Operational Code and the Vietnam War," *The Journal of Conflict Resolution*, 21(1), 1997.